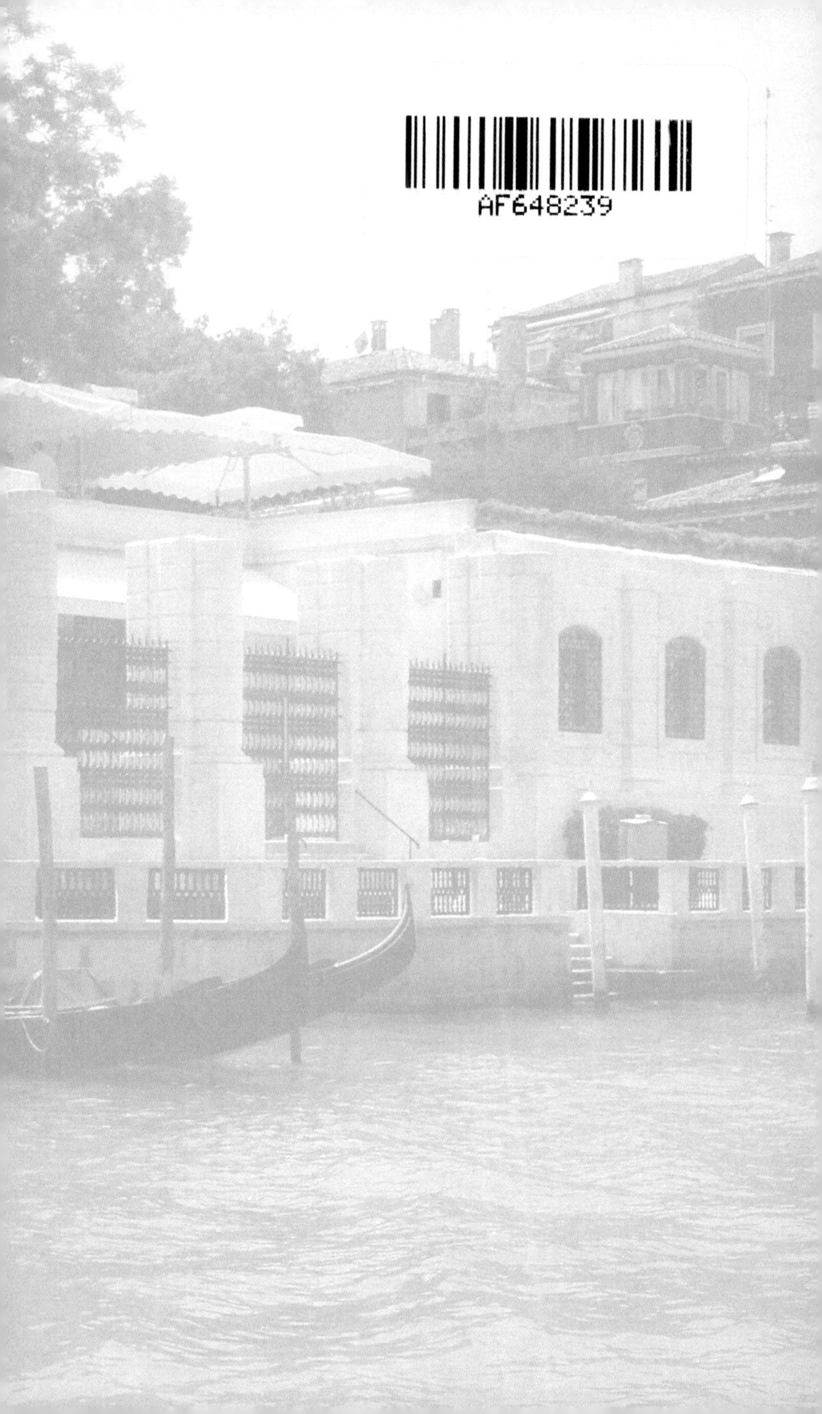

blue notes
74

Peggy Guggenheim macht es uns leicht, sich in ihr Leben zu vertiefen, denn sie hat eine Autobiographie verfasst und diese verschiedentlich, je nach Lebenslage, aktualisiert: *Out of this Century* ist die prominente Quelle für dieses Buch.
Guggenheim, geboren am 26.08.1898, hatte schon 1946 zahlreiche persönliche, weltgeschichtliche und künstlerische Umbrüche erlebt. In ihren Erinnerungen zeigt sie sich ohne jede Verstellung, als begabte Autodidaktin. Eine pragmatische Frau blickt uns entgegen, die menschlich und künstlerisch größte Passionen auslebte; ihr filmreifes Leben wird unglaublich farbig und vielschichtig geschildert. Für ihre Zeitgenossen, Freunde und Künstler, war sie bereit, alles zu tun. Sie setzte ungeheuer viel Lebenskraft und Geld ein, um Künstler zu fördern und Leid zu mildern. Ihr Lebenswerk und ihr Vermächtnis einer befreiten Frau, der es gelungen ist, der Kunst der klassischen Moderne einen bedeutenden Platz in unserer Wahrnehmung zu erkämpfen, beeindrucken bis heute.

Annette Seemann, geb. 1959, lebt als freie Autorin und Übersetzerin in Weimar. Sie war viele Jahre für die *Frankfurter Allgemeine Zeitung* tätig. Die promovierte Germanistin ist Vorsitzende des Fördervereins zugunsten der Herzogin Anna Amalia-Bibliothek und veröffentlichte mehrere Bücher zur Kulturgeschichte Weimars, darunter *Anna Amalia. Herzogin von Weimar*.

Annette Seemann

Ich bin eine befreite Frau
Peggy Guggenheim

ebersbach & simon

Inhalt

Aufstieg der Guggenheims – ein amerikanischer Traum

Das erste Kapitel ihres persönlichen Lebensrückblicks veränderte Peggy Guggenheim in keiner der publizierten Fassungen. *Kindheit mit Goldrand* beginnt so: »Ich stamme von zwei der besten jüdischen Familien ab. Einer meiner Großväter wurde wie Jesus Christus in einem Stall geboren, oder besser: über einem Stall in Bayern, und mein anderer Großvater war Hausierer.«

Hier erheben sich erste Fragen. Wie kam es in nur zwei Generationen zu dem ungeheuren Reichtum der Familie Guggenheim bzw. Seligman, von der Peggy mütterlicherseits abstammt?

Die Frage nach der Herkunft des Geldes ist wichtig für die Einschätzung von Peggys Charakter und ihrer späteren Bedeutung: Vieles, was sie in ihrem Leben unternahm, wäre ohne diesen Reichtum nicht gelungen. Das wusste sie, und zumal in ihren späteren Jahren wurde es zum Problem.

Joseph Seligman, ältester Sohn unter den elf Kindern des Schneiders Seligman aus Baiersdorf bei Nürnberg, wagt nach einem Universitätsstudium mit 100 Dollar Startkapital, geliehen von seiner Mutter, die Überfahrt nach Amerika. Nach nur zwei Jahren

Arbeit als Hausierer mit Uhren, Ringen, Messern und Ähnlichem hat er bereits so viel verdient, dass er nicht nur das Geliehene zurückzahlen, sondern auch zwei seiner Brüder nachkommen lassen kann. James Seligman, der einmal Peggys Großvater sein wird, und sein Bruder William machen sich auf die Reise. 1842 ist die gesamte Familie in Amerika vereint, denn beim Gold-Rush in Kalifornien machen die Seligman-Brothers große Gewinne. Sie leben in New York. Im amerikanischen Bürgerkrieg werden die Seligmans zu internationalen Bankiers. Das Geheimnis des Clans ist, dass alle Männer der Familie mit insgesamt 104 Mitgliedern im und für das Familienunternehmen arbeiten.

Aufgrund seines Reichtums kann James Seligman in eine der ältesten jüdischen Familien New Yorks einheiraten, die Familie Content, die eigentlich für Parvenus wie die Seligmans viel zu fein ist. Doch James Seligman hat Glück.

Seine Frau Rose schenkt ihm insgesamt acht Kinder, eines davon ist Florette, Peggys Mutter.

Die Seligmans sind übrigens im Vergleich zu Peggys väterlichen Vorfahren die feineren.

Diese stammen aus dem schweizerischen Lengnau im Kanton Aargau. Das ist eines von zwei »Judenghettos« mit aus Deutschland vertriebenen Juden in der Schweiz des 18. Jahrhunderts. Sie unterlagen dort harten Reglementierungen, durften beispielsweise keinen Landbesitz haben – eine schwere Hypothek in einer vollagrarischen Gemeinde. Daneben besaßen sie keine Bürgerrechte, mussten sehr hohe Schutzabgaben zahlen, durften nur Geldverleiher, Hausierer, Krämer oder Schneider sein und waren auch im Fall einer Heiratsabsicht (unter Juden, das versteht sich) nur erfolgreich, wenn sie eine Mitgift von 500 Gulden – damals der Wert eines kleinen Hauses oder von acht Kühen – aufbrachten. Der Großteil dieser Mitgift wurde aber nicht der jungen Braut gegeben, sondern als Steuer einbehalten.

Simon Guggenheim ist Schneider und lebt von seinen mageren Einkünften, seine Frau ist gestorben. Er ernährt sechs Kinder, fünf Töchter und einen Sohn, Meyer, der als Hausierer durchs Land reist. Simon wird untersagt, Rachel, eine Witwe mit sieben Kindern, zu heiraten. Die Begründung: Die Familie hat nicht genug Einkommen, um ihren Lebensunterhalt zu bestreiten.

Simon und Rachel beschließen daher 1848, beide in fortgeschrittenem Alter, mit zwölf ihrer dreizehn Kinder nach Amerika auszuwandern. Eine moderne Geschichte. Meyer Guggenheim verliebt sich auf der Überfahrt in die Tochter seiner Stiefmutter, die 15 Jahre alte Barbara. Meyer Guggenheims Kreativität lässt ihn bald vom Hausierer zum Erfinder werden: Den beliebtesten Artikel seines Sortiments, die Herdreinigungspaste, lässt er chemisch analysieren, verbessert die Formel und stellt sie ab sofort selbst her. Er kann Barbara heiraten und mit ihr ein Haus mieten.

Das Paar bekommt sieben Söhne und drei Töchter. Später haben Meyer und Barbara 23 Enkelkinder. Meyer Guggenheim ist das Oberhaupt der Familie mit den zahlreichen Geschwistern, Halbgeschwistern und der wachsenden Kinderschar. Sein Grundsatz lautete: »Die gerösteten Tauben fliegen einem nicht von selbst in den Mund.« Für ihn war großer Geldbesitz allein die Bedingung für ein sicheres und glückliches Leben. Diese Überzeugung sollte später von seiner Enkelin Peggy grundsätzlich in Zweifel gezogen werden. Sie hatte den Großvater in Erinnerung, wie er mit dem Pferdeschlitten durch das winterliche New York fuhr: »Er fuhr alleine und trug einen Mantel mit einem Kragen aus Seal und einer passenden Mütze. Er starb, als ich noch sehr klein war.« Meyer Guggenheim stirbt 1905. Peggy ist damals knapp sechs Jahre alt.

Zurück zu seinem unglaublichen wirtschaftlichen und sozialen Aufstieg: Nachdem er mit der Herdreinigungspaste erste Gewinne erzielt hat, investiert er. In Eisenbahnaktien, ein florierendes, neues Terrain. Zudem importiert er Spitzen und Stickereien aus der Schweiz, wo die Juden mittlerweile freier leben und mehr Geschäfte ausüben dürfen. Meyer lässt sich die Ausbildung seiner Kinder etwas kosten, denn er geht davon aus, dass sie bald in der und für die Familie tätig sein werden. Glück außerhalb dieses Kreises existiert für den misstrauischen Mann nicht, der im Jahr 1877 das Familienunternehmen gründet, in welchem er alle älteren Söhne mit gleichen Anteilen versieht, aber auch die jüngeren bedenkt, indem er sie später ebenfalls zu gleichen Anteilen im Familienunternehmen arbeiten lässt.

1881 kauft er Anteile von Blei- und Silberminen in Colorado, ein Bombengeschäft, wie sich nach einigen Rückschlägen herausstellt: Er häuft ein Riesenvermögen an. Daraufhin beginnt er, wie schon bei der Herdreinigungspaste, mit der Weiterverwertung des Produkts und steigt in den Schmelzbetrieb ein. Benjamin, der zweitjüngste Sohn, muss das Schmelzen auf der Minenschule erlernen und sich in Colorado mit diesem Unternehmensanteil beschäftigen. Noch sitzt die Familie Guggenheim in Philadelphia, doch Meyers Weitsicht bringt es mit sich, dass er die Söhne in einer patriarchalisch geführten Familienkonferenz 1888/89 dazu bringt, gemeinsam mit ihm nach New York zu ziehen, dem neuen Finanzplatz der USA, wo die Seligmans schon lange leben. Und Meyer expandiert mit Hilfe des Sohns Daniel in das noch nicht industrialisierte Mexiko, wo die Familie Minen und Schmelzöfen errichtet. Benjamin Guggenheim, der zuletzt auch in Mexiko tätig ist, kehrt im Winter 1893 nach New York zurück und hegt ein Jahr später den Wunsch zu heiraten. Eine Braut mit gutem Namen, guter Mitgift hat er im Auge.

James und Rose Seligman sind trotz des enormen Reichtums der Guggenheims nicht gerade entzückt über den Antrag, den der gut aussehende Benjamin ihrer jungen Tochter Florette macht. Man bedenkt die Schweizer Parvenus in den »feineren«, älteren deutsch-jüdischen Kreisen New Yorks mit dem Spitznamen »die Googs« und behauptet, sie seien traditionslos und ohne Manieren …

Kindheit mit Goldrand

Und so steigt Peggy Guggenheim in der Autobiografie nach nur wenigen Sätzen über ihre Vorfahren in die eigene Lebensgeschichte ein: »Ich wurde in der West 69th Street in New York geboren. Ich kann mich an keine Einzelheit erinnern. Meine Mutter erzählte mir, ich sei, während die Schwester ihr die Wärmflasche frisch gefüllt habe, mit meiner üblichen Geschwindigkeit in die Welt gerast und habe wie eine Katze geschrien.« Nur wenige Sätze später berichtet sie über den ersten Umzug ihres Lebens – dem unzählige folgen sollten: »Bald zogen wir in ein Haus in der East 72nd Street in der Nähe des Parkeingangs (gemeint ist der Central Park, A.S.). Unsere Nachbarn waren die Stillmans und die Rockefellers. Uns gegenüber lebte Präsident Grants Witwe. Als ich fast fünf Jahre alt war, wurde hier meine zweite Schwester, Hazel, geboren. Ich war teuflisch eifersüchtig auf sie.« Die erste Schwester war Benita, drei Jahre älter als die 1898 geborene Peggy.

Drei Dinge scheinen bemerkenswert in diesen Sätzen, mit denen Peggy Guggenheim ihr eigenes Leben einleitet: Zunächst betont sie ihre Vitalität und ihre Schnelligkeit – jeder, der sie kannte, hob diese Züge an ihr hervor. Zum Zweiten ist die Beschreibung des neuen Hauses interessant, denn sie ist nicht wertfrei – es wird weder ein hübsches Haus beschrieben noch ein großes oder äußerlich besonderes, sondern ein Haus in einer bestimmten sozialen Umgebung. Diese Umgebung ist die denkbar beste. Nur sehr reiche oder sehr bedeutende Leute – keineswegs ausschließlich Juden – können sich ein Leben in diesem Stadtviertel am Park leisten. Wer so schreibt, für den ist, selbst wenn er sich aus seinen Kreisen gelöst haben sollte, die soziale Anerkennung immer noch äußerst wichtig. Dies wird bei der Betrachtung von Peggys Rebellion von Interesse sein. Drittens ist die Betonung der eifersüchtigen, also konfliktreichen Beziehung zur jüngeren Schwester von Bedeutung. Ist Benita, die große Schwester, die gute, die geliebte, so muss – innerhalb des Peggy-Kosmos – Hazel die böse kleine Schwester sein. Warum? Mit Peggys äußerer Schnelligkeit und Vitalität verbindet sich grundsätzlich auch die Schnelligkeit ihres Intellekts, ihre Fähigkeit, in kürzester Zeit ein Urteil zu fällen über einen Menschen, eine Sache, eine Situation, ein Kunstwerk. Meist haben diese Urteile etwas Frappierendes, sie überrumpeln. Aber manchmal wirken sie im Gegenteil naiv, vereinfachend, schwarz-weiß gezeichnet, kurz: kindlich. Für das Kind Peggy ist Denken und Urteilen in groben Kontrasten angemessen – sie grenzt sich von Hazel ab, denn sie ist auf die Jüngere eifersüchtig, die Zuwendungen bekommt, die Peggy auch gern hätte. Bei

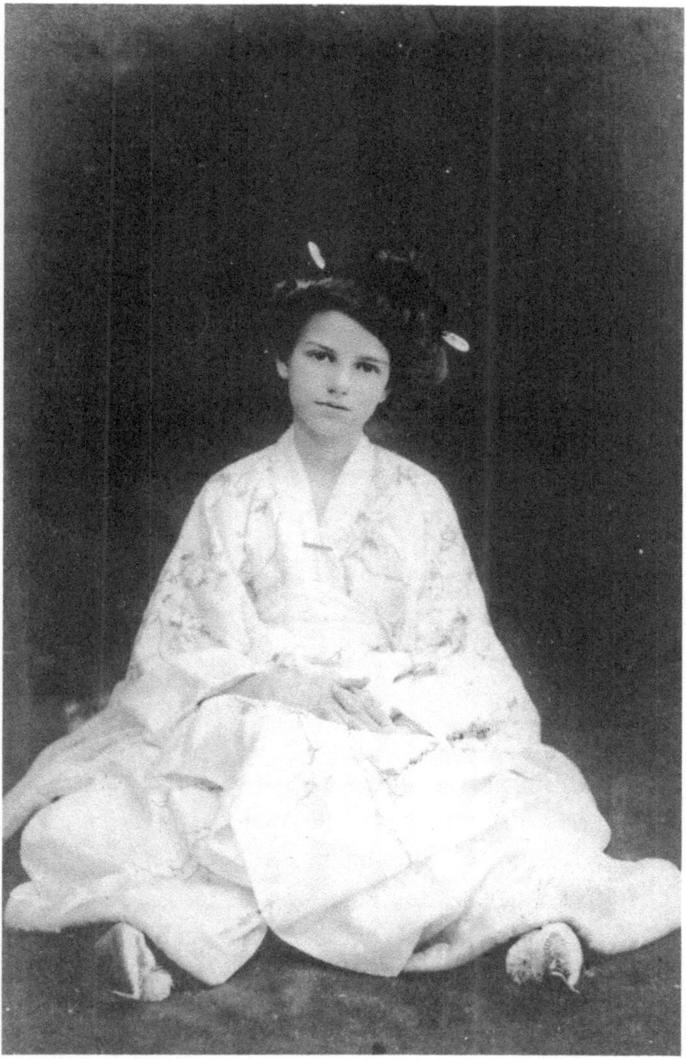

Peggy Guggenheim 1908, im Alter von zehn Jahren

der erwachsenen Peggy ist diese Eigenschaft umso verblüffender, je älter sie wird.

Ein Grund für Peggys Wunsch nach Rebellion könnte also in der frühkindlichen Eifersucht begründet sein, in dem übermächtigen Bedürfnis, mehr Aufmerksamkeit als die anderen zu erhalten. Dies erhält seine spannungsreiche Motivation durch das Ringen Peggys – zusammen mit vielen anderen Frauen – um den Vater Benjamin Guggenheim.

Peggys Leben spielt sich lange ausschließlich im Haus ab. Sie besucht bis zum Alter von fünfzehn Jahren keine öffentliche Schule, sondern wird von Hauslehrerinnen unterrichtet, ebenso wie ihre Schwestern. Auch in dem wohlhabenden Haus gibt es soziale Kontraste: Der Reichtum der vorderen Räume des Hauses, die Sauberkeit der Zimmer dort kontrastiert mit der Primitivität der Dienstbotenquartiere im dunklen hinteren Teil, eine zeittypische Erscheinung. Peggy lebt sozusagen »zwischen« den Welten und hat Einblick in beide, zeigt bereits als Kind Einsicht in soziale Probleme, empfindet Mitleid und versteht die Ausweglosigkeit mancher Schicksale um sie herum.

Im Nachhinein kommt ihr die Kindheit wie eine sich lang hinziehende Agonie vor.

Die Rollenerwartungen an das Mädchen sind eindeutig definiert: Es soll brav, schön, wohlerzogen und zurückhaltend sein. Die einzigen Besonderheiten der Erziehung liegen in des Vaters Interesse für den »guten Geschmack«, der auch das Auge für Kunstgegenstände meint, das er durch regelmäßige Europaaufenthalte schulen möchte, und in der in dieser Zeit noch untypischen areligiösen Gesinnung der Familie. Die Tea-Partys, die Mutter Florette gibt und bei denen Peggy präsent sein muss, findet sie langweilig. Die Anwesenheit bei Abendgesellschaften hingegen empfindet sie als angenehm, denn sie verliebt sich schon früh in erwachsene Männer.

Hinter der schönen Wohlstandsfassade lauert ein Abgrund an Lieblosigkeit, die vor allem die Beziehung der Eltern kennzeichnet, aber auch auf die Töchter ausstrahlt. Diese Ambiguität prägt Peggy tief: »Als ich fünf oder sechs Jahre alt war, fing mein Vater damit an, Geliebte zu haben … All dieses trübte meine Kindheit. Ich wurde ständig in die Probleme meiner Eltern hineingezogen, und das machte mich frühreif.« Der Reichtum der Familie ermöglicht natürlich vieles, beispielsweise die jährlichen Sommerreisen nach Europa, nach Paris und London. Doch ist die Familie seltsamerweise sehr isoliert, denn je älter Benjamin Guggenheim wird, umso mehr ist ihm der molochartige Guggenheim-Clan zuwider, umso mehr sondert er sich ab. Gemeinsam mit seinem jüngsten Bruder William verlässt er 1901 schließlich unerhörterweise die Partnerschaft der Guggenheim-Brüder. Die Summe seiner Auszahlung erscheint ihm ausreichend, um ein Leben nach seinen Vorstellungen führen zu können. Er hat eigene Ideen, die er abseits seiner Familie und vor allem in Europa verwirklichen möchte.

Peggy wird die Ansichten, dass man nicht mit Familienmitgliedern zusammenarbeiten könne und dass Europa der Kontinent der Sehnsucht sei, dereinst teilen. Was Benjamin betrifft – er gründete in Paris eine Firma, die International Steam Pump Company, die unter anderem die Aufzüge für den Eiffelturm baute. Allerdings liefen die Geschäfte dieser Gesellschaft von Anfang an nicht zum Besten, und er war gezwungen, mehr und mehr seines Kapitals (und Erbes seiner Töchter) in das Unternehmen zu investieren.

Der Titanic-Schock und seine Folgen

Es sind die Jahre von Peggys Pubertät, als sich der Vater fern von der Familie ein eigenes Leben aufbaut. Sie schreibt: »Im Jahre 1911 hatte sich mein Vater mehr oder weniger von uns befreit.« Er lebt die meiste Zeit des Jahres in Paris. An die Stelle der früheren Geliebten, Gräfin Taverny, ist eine junge, blonde Sängerin getreten. Dennoch sind die Beziehungen zu Florette und den Kindern nicht völlig abgerissen.

Im Frühling 1912 erwarten sie den Mann und Vater nach achtmonatiger Abwesenheit wieder in New York. Benjamin hatte ursprünglich auf einem Dampfschiff gebucht, aber durch einen Streik der Heizer wurde die Überfahrt gestrichen. Er lässt die Familie wissen, dass er mit dem nagelneuen Luxusliner, der *Titanic*, reisen wird. Sie soll ihre Jungfernfahrt antreten – von Southampton nach New York. Mit ihren neun Decks ist sie so hoch wie ein elfstöckiges Haus, ein »schwimmender Palast«, der das erste Schwimmbad überhaupt auf einem Schiff bot, eine Turnhalle, Luxusrestaurants, einen Palmenhof, ein türkisches Bad – kurz: alles, was um 1912 an Annehmlichkeiten denkbar war. Auf der *Titanic* reist man in drei Klassen, vor allem aber sei das Schiff absolut sicher, so wird behauptet. Die wasserfesten Schotten im Rumpf machen es praktisch unsinkbar.

Selbstverständlich reist Benjamin Guggenheim erster Klasse. Mit ihm gehen die blonde Sängerin und sein schöner ägyptischer Sekretär Victor Giglio, in den Peggy verliebt ist, an Bord. Am 10. April 1912 lösen sich die Leinen im Hafen von Southampton. Neben Kapitän Smith reist auch der Besitzer der White Star Line, Bruce Ismay, mit. Am 14. April hat das Schiff nahezu zwei Drittel seiner Reise zurückgelegt. Wenn es die Geschwindigkeit hält, kommt es in Rekordzeit in New York an. Das ist Mr Ismays Ziel, das er sich auch nicht von den Meldungen über Treibeis in der Gegend verderben lassen möchte. Mr Ismay hat mit Kapitän Smith ausgemacht, dass er die Geschwindigkeit nicht drosselt, den Kurs aber doch ein wenig südlicher wählt.

Kurz vor Mitternacht spüren die Passagiere ein leichtes Schwanken. Etwas später setzt das Geräusch der Maschinen aus. Stille. Die Motoren lassen sich nicht mehr neu starten. Das Schiff hat einen Eisberg gerammt, den der Mann am Ausguck zwar noch ausmachen, dem der Erste Offizier aber trotz »voller Kraft zurück« nicht mehr ausweichen kann – die Geschwindigkeit der *Titanic* ist zu hoch. Die Kapazität der Rettungsboote reicht bei Weitem nicht für alle Passagiere, da der Luxusliner ja als sicher galt. Das Schiff bricht schon kurz nach der Kollision mit dem Eisberg in zwei Hälften. Die meisten der 1.800

Passagiere ertrinken im eiskalten Wasser. Ein zur Rettung kommendes Schiff kann nur noch Wenige lebend bergen. Peggy schildert die Tragödie: »Die Welt war erschüttert von dieser Katastrophe. Jeder wartete atemlos auf die Ankunft der *Carpathia*, um zu erfahren, wer die glücklichen Überlebenden waren. Wir kabelten an Kapitän Rostrom, um zu erfahren, ob mein Vater auf dem Schiff sei. Er kabelte zurück: ›Nein.‹ Aus irgendeinem Grund hatte man es mir erzählt, während meine Mutter bis zur letzten Minute im Unklaren gelassen wurde. Dann gingen zwei meiner Cousins hin, als die Überlebenden eintrafen. Sie sahen die Geliebte meines Vaters … Ein Steward der *Titanic*, ein Überlebender, trat zu uns, um eine Botschaft meines Vaters zu überbringen. Er sagte, mein Vater und sein Sekretär hätten Abendanzüge angelegt, um in den Tod zu gehen. Sie wollten als Gentlemen sterben, und das taten sie ganz gewiss, denn galant überließen sie ihre Plätze in den Booten Frauen und Kindern. Niemals fand man die Leiche meines Vaters, und daher wurde er auch nicht zusammen mit denjenigen, die die See hochgetrieben hatte, in Halifax begraben … Von da an mieden wir die White Star Line wie die Pest.«

Benjamin hinterlässt eine – freilich schon zuvor desillusionierte – Witwe und drei halbwüchsige Töchter. Peggy schreibt: »Der Tod meines Vaters berührte mich ungeheuer. Ich brauchte Monate, um über den schrecklichen Alptraum der *Titanic*, und Jahre, um über den Tod meines Vaters hinwegzukommen. In

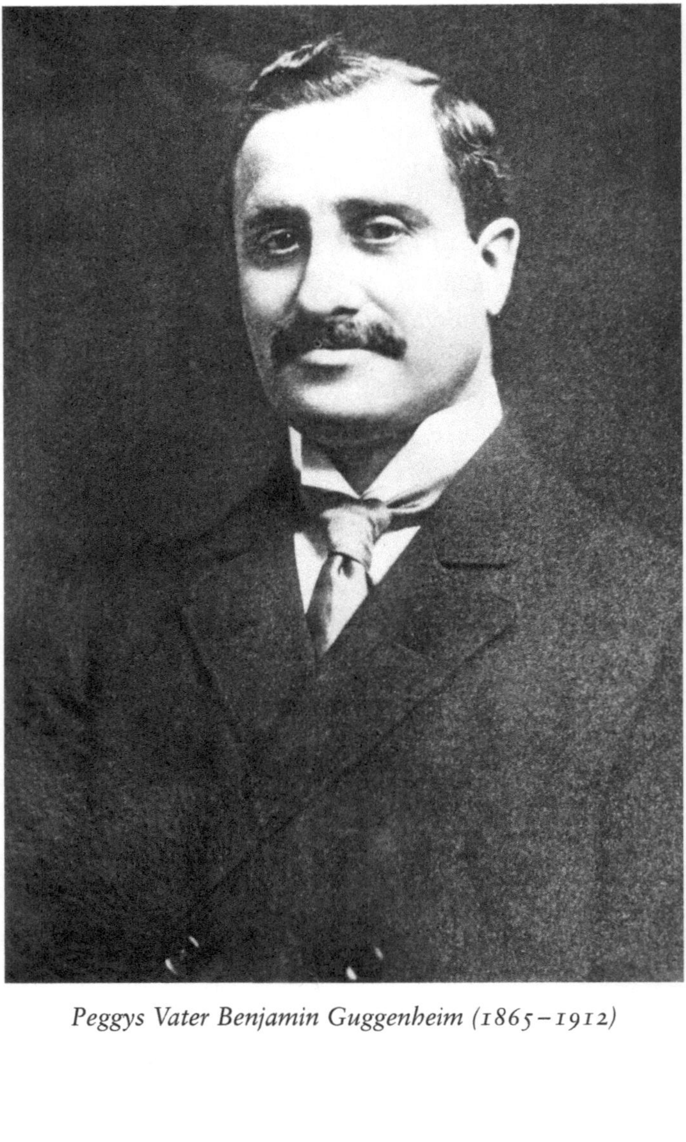

Peggys Vater Benjamin Guggenheim (1865–1912)

gewisser Hinsicht habe ich mich eigentlich nie davon erholt, denn ich glaube, seitdem suche ich immer nach einem Vater.«

Benjamins geschäftliche Angelegenheiten befinden sich in größter Unordnung. Das Vermögen, das ihm nach dem Ausscheren aus der Partnerschaft mit den Brüdern blieb – acht Millionen Dollar –, hatte sich durch die Pariser Geschäfte erheblich dezimiert. Der Rest ist fest angelegt, wirft keine Zinsen ab und kann nicht verkauft werden, da die Anleihe schlecht im Kurs steht. Erst sieben Jahre später tritt Ruhe ein – Benjamins Nachlass ist von den Guggenheim-Onkeln dergestalt geordnet, dass jede der drei Töchter Benjamins 450.000 Dollar erbt, Florette etwas mehr. Das Geld wird von den Googs sofort in todsicheren Trusts angelegt.

Peggy weiß ganz genau, wie hoch ihr Ausgangskapital einmal war, sie weiß es, denn sie ist eine Guggenheim. Und genauso gut weiß sie, was am Schluss bilanziert werden muss. Peggy stellt dem Leser ihrer Autobiografie diese Summen mit Freude am Detail und einer tüchtigen Portion Stolz vor Augen. Jeder Mensch möge daraus ersehen, wie sie mit ihrem Geld gewirtschaftet hat. Am Ende ihres Lebens musste sie sich in dieser Hinsicht keinesfalls mehr hinter den anderen Guggenheims verstecken.

Etwas später bricht der Erste Weltkrieg aus. Peggy macht sich weniger Gedanken über den Krieg und die politischen Ereignisse als über die jungen Männer, die eingezogen werden, und die Frage, ob sie verliebt sei. Neugierig und schnell entflammbar, bleibt sie noch die brave Tochter aus gutem Hause. Der Mann ihres Lebens ist ihr bisher noch nicht über den Weg gelaufen.

1914 wird Peggy zur Schule geschickt. Die Mutter wählt eine ausschließlich der Erziehung jüdischer Mädchen aus guter Gesellschaft gewidmete Schule – die Jacoby School –, die so nahe gelegen ist, dass sie den Schulweg durch den Central Park zu Fuß zurücklegen kann. Diese Schule besucht Peggy noch im Jahre 1915 – dann ist diese Lebensphase beendet. Um überhaupt etwas zu tun zu haben, wählt sie einige Kurse aus, in denen sie Geschichte, Wirtschaft und Italienisch lernt, und zudem liest sie mit großer Begeisterung. Eine wichtige Begegnung ist die mit der Lehrerin Lucile Kohn, die Peggy als ein Erweckungs- und Befreiungserlebnis beschrieben hat: »In der Tat, es war sie, die meinem Leben eine gänzlich andere Richtung gab ... Sie war leidenschaftlich daran interessiert, die Welt zu verbessern. Ich wurde radikal, und schließlich befreite ich mich aus der beengenden Atmosphäre, in der ich aufgezogen worden war. Es dauerte eine lange Zeit, bis ich mich selbst befreit hatte ...« Peggy sendet Lucile Kohn wenig später regelmäßig Geld und wird das bis an das Lebensende der Lehrerin beibehalten, die weit über neunzig Jahre alt wurde. Sie ist die erste Person in einer künftigen langen Reihe, die man als Peggys Protégés bezeichnen kann.

Im Jahre 1916 findet Peggys Balldebüt statt – im Tent Room des New Yorker Hotels *Ritz*: Ein eleganterer und teurerer Ort ist für ein solches Ereignis nicht vorstellbar. Von diesem Moment an ändert sich ihr Leben völlig: Sie ist nun Teil der »Gesellschaft« und darf von jungen Männern ausgeführt werden – beziehungsweise sollte das Dating von jetzt an ihre ausschließliche Beschäftigung sein, damit sie bald einen Heiratskandidaten aus bester Familie vorzuzeigen hat. Peggy hat schon jetzt einen durch keinerlei Erziehungsmaßnahmen korrumpierten selbstständigen Standpunkt. Aber noch kennt sie die Alternativen zu dem bürgerlich-puritanischen Lebensstil ihrer Herkunftsklasse nicht.

1918 nimmt sie, man höre und staune, einen Kriegshilfejob an: »Ich saß an einem Schreibtisch und versuchte, unseren frischgebackenen Offizieren dabei behilflich zu sein, Uniformen und andere Dinge zu verbilligten Preisen zu kaufen. Ich musste Ratschläge erteilen und viele Empfehlungskarten schreiben.«

Die Arbeit erweist sich jedoch als zu anstrengend für sie. Sie bricht zusammen, kann nicht mehr schlafen und essen. Sie magert ab und wird von Tag zu Tag nervöser. Peggy weiß genau, dass sie tatsächlich im Begriff steht, verrückt zu werden. Eine Wahnidee hat von ihr Besitz ergriffen. Zwar kann sie ihr Problem beschreiben, aber sie kann sich nicht gegen die damit verbundene Zwangshandlung wehren: Sie muss, ob sie will oder nicht, jedes, aber wirklich jedes Streichholz, das am Boden liegt, aufheben, in der Angst, unter Tausenden abgebrannten das eine frische zu finden, das einen entsetzlichen Brand verursachen könnte. Schlaflos liegt sie im Bett und grübelt darüber nach, welche Katastrophe entstehen würde, wenn sie ein Streichholz übersehen hätte. Sie wäre schuld!

Diese mentalen Verstörungen hindern Peggy während des Krieges jedoch nicht daran, mit verschiedenen aufeinanderfolgenden Herren sogenannte Verlöbnisse einzugehen. Sie nimmt diese Engagements nicht weiter ernst, sind sie doch die Folgen ihres Kriegshilfejobs, also beinahe berufsbedingt: »Ich hatte während des Krieges verschiedene Verlobte, denn wir organisierten immer Unterhaltungsveranstaltungen für Soldaten und Seeleute.«

Ein in Peggys Augen schlechtes Beispiel führt zur selben Zeit die geliebte Schwester Benita der Familie vor – sie heiratet überstürzt einen jungen amerikanischen Flieger, Edward Mayer, den sie nicht liebt. Peggy leidet, denn Benita, die Schönheit in Person, ist zu schade für diesen Mann. Im Grunde für jeden Mann. Benita sollte immer bei ihr leben! Es scheint kein Zweifel zu bestehen, dass Peggy auch von weiblicher Schönheit erotisch stark angezogen wurde. In der Liebe zu ihrer Schwester ist das Urbild zu diesem Komplex der Anziehung zum eigenen Geschlecht gegeben. Es wird in ihrem Leben neben den männlichen Liebhabern immer auch schöne Frauen in Gestalt guter Freundinnen geben, mit denen sie intensive Beziehungen pflegt.

Dann kommt der Sommer 1919 und damit ihr 21. Geburtstag: Peggy Guggenheim wird volljährig und gelangt in den Besitz ihrer 450.000 Dollar, die fest angelegt sind und jährlich 22.500 Dollar Zinsen bringen. Mindestens. Sie ist endlich unabhängig und unternimmt erst einmal eine Reise durch die Vereinigten Staaten und Mexiko. Sie wirft noch einen Blick auf den Grand Canyon, bevor sie nach Chicago zurückreist, um Harold Wessel, ihren Verlobten, zu treffen. Er hatte gerade die Armee verlassen und stößt sich sehr an den schnodderigen Reden, die Fräulein Guggenheim über die Provinzialität Chicagos führt. Auch bei der Familie ist ihr Auftritt nicht gerade ein Erfolg, und so sieht Harold sich genötigt, das Verlöbnis bei ihrer Abreise zu lösen.

Im Winter 1920 findet die durch Langeweile bedingte Lust, irgendetwas zu tun, ihren Niederschlag in der fixen Idee, sie müsse ihre Guggenheim'sche Kartoffelnase von einem Schönheitschirurgen richten lassen und auf diese Weise die Prinzessin werden, die bereit ist, den Traumprinzen zu treffen. Sie fährt nach Cincinnati, denn dort, nur dort, gibt es den Mann, der alles kann in Sachen Nasen. Die Operation misslingt, wird abgebrochen und hat zum Ergebnis eine auf längere Zeit geschwollene Nase, die darüber hinaus vor jedem Regen tüchtig zu jucken beginnt, eine Art natürliches Barometer.

Nachdem sie auf der Rückreise trotzig weitere 1.000 Dollar verspielt, beschließt sie, sich einen Job zu suchen. Nach kurzem Einsatz als Zahnarzthelferin arbeitet sie in der Buchhandlung *Sunwise Turn*, in der ihr Vetter Harold Loeb Teilhaber war, unweit der Grand Central Station, einem Treffpunkt der Intellektuellen in New York, zunächst in der Buchhaltung, und zwar gratis. Hier gehen junge Berühmtheiten ein und aus, die schöne Journalistin und Schriftstellerin Djuna Barnes, der junge Dichter und Maler Edward Estlin Cummings, zudem kaufen hier Leon und Helen Fleischman, die später Giorgio, den Sohn von James Joyce heiraten sollte, es kommt auch Marsden Hartley, der abstrakte Maler, der von Alfred Stieglitz ausgestellt wird, und schließlich stellt sich ein gewisser Laurence Vail ein, Maler und Schriftsteller. Der ist noch nicht sehr bekannt und für Peggy zunächst nur einer von vielen.

Eine erlesene Gruppe ist es jedenfalls, die sich dort beim Vetter Loeb und der von Peggy bewunderten Mary Mowbray-Clarke trifft, und ihrer aller Augen sind auf einen Punkt gerichtet, weit im Osten, in der Alten Welt. Peggy kommt dieser träumerische Blick der jungen Leute sehr bekannt vor, sie hat ihn schon einmal gesehen – bei ihrem Vater. Alle, die da ein- und ausgehen und Bücher kaufen und diskutieren, wollen nach Paris. Paris! Die Welt, für die Peggy sich zu interessieren beginnt, unterscheidet sich radikal von der Welt, aus der sie stammt. Sie versucht einerseits, durch ihr mondänes Auftreten aufzutrumpfen, möchte andererseits von den Intellektuellen und Künstlern als

Gesprächspartnerin anerkannt werden. Sie schreibt: »Die Leute, die ich bei *Sunwise Turn* traf, faszinierten mich. Sie waren so real, so lebendig, so menschlich. All ihre Werte unterschieden sich von den meinen ... Marsden Hartley beeindruckte und erschreckte mich. Vor Laurence hatte ich viel weniger Angst. Er war damals ungefähr achtundzwanzig, und er kam mir wie jemand aus einer anderen Welt vor. Er war der erste Mann, den ich kannte, der niemals einen Hut trug. Sein schönes, goldsträhniges Haar floss hin und her, wenn der Wind es sich griff. Ich war durch seine Freiheit zugleich schockiert und fasziniert. Er hatte sein ganzes Leben in Frankreich gelebt und hatte einen französischen Akzent, er rollte die r. Er war wie ein Lebewesen aus der Wildnis. Niemals schien er sich darum zu kümmern, was die Leute dachten. Wenn ich die Straße mit ihm hinunterging, hatte ich das Gefühl, dass er plötzlich davonfliegen könnte – er hatte so wenig Zugang zu einem normalen Verhalten.«

Diese Menschen verhalten sich so ungezwungen, dass auch Peggy zum ersten Mal in ihrem Leben das Gefühl von Freiheit empfindet. Denn so kurz ihre Erbschaft zurückliegt, eines hat sie schon begriffen: die Freiheit, die das Geld ermöglicht, ist ihr nicht genug. Sie will mehr.

Im Zusammensein mit den Fleischmans erfährt sie merkwürdige Dinge, etwa, dass Helen nicht eifersüchtig ist, als Peggy sich in Leon verliebt. Das ist die wahre Freiheit, denkt sie und möchte so sein wie Helen.

Sie sieht das erste abstrakte Gemälde ihres Lebens, ein Landschaftsbild von Georgia O'Keeffe. Sie weiß nicht, wo oben und unten ist – eine großartige Erfahrung! Wer so etwas malt, muss wirklich frei sein. Die erlernten Kategorien schwanken – es ist herrlich. Peggy ahnt, die Welt ist im Aufbruch, und sie will dabei sein. Unbedingt.

Paris oder der Traum von der Freiheit

Peggy beginnt sich seit Laurence Vails Abreise nach Paris sogar in Vetter Harolds interessantem Buchladen zu langweilen. Sie überlegt, dass sie das, was ihr fehlt, wahrscheinlich nur in Europa finden kann. Folglich reist sie durch Holland, Belgien, Spanien und Italien. Mit der ihr eigenen Unermüdlichkeit und Hartnäckigkeit gibt es – das behauptet sie zumindest – bald kein berühmtes klassisches Bild, das sie nicht gesehen hat. Erst Hazels Hochzeit im Frühling ruft sie nach Amerika zurück.

Ein Gutes hat dieser kurze Amerika-Aufenthalt – Peggy trifft die Fleischmans wieder und überredet sie, gemeinsam mit ihr nach Paris zu reisen. Sie weiß nämlich, sie muss nach Paris. Schnell. Die Fleischmans sowie Mutter Florette schließen sich tatsächlich an. Peggy-Biografin Tacou-Rumney behauptet, zwischen Laurence und Peggy habe der *coup de foudre* eingeschlagen, Liebe auf den ersten Blick, schon in New York. Und Laurence' Anwesenheit in Paris beeinflusst ihre Entscheidung. Außerdem ist Paris seit 1920 unbestrittenes Zentrum der geistigen und künstlerischen Avantgarde. Neben der künstlerischen Avantgarde geht es jedoch für sie auch um den Erfolg als Frau.

Mit diesem Thema hält sie keineswegs hinterm Berg: »Ich wollte ... so viele Verehrer haben, wie ich nur sammeln konnte.«

Diese Stelle offenbart zum einen Peggys schon sehr früh auftretendes Interesse an Beziehungen zu verschiedenen Männern zur gleichen Zeit. Sie zeigt zum anderen Peggys ursprüngliche Abneigung gegen die Ehe. Drittens verdient der Ausdruck *collect*, sammeln, auf die Verehrer angewandt, überdacht zu werden.

Peggy Guggenheim hat erst Jahre später mit dem Sammeln von Kunstwerken begonnen. Dennoch scheint es nicht verfehlt, das Prinzip des Sammelns als Grundlage ihres erotischen Selbstverständnisses insgesamt zu begreifen und die Entscheidung für dieses Prinzip als Grund ihres Ausweichens nach Europa anzunehmen. Peggy wusste, dass sie im puritanischen Amerika über kurz oder lang verheiratet sein musste, und zwar mit einem reichen Langweiler. Das wollten die Gesetze ihrer Zeit und ihres Clans. Sie wusste, dass dann mit dem Sammeln (zumindest von Männern) Schluss wäre, und ahnte, dass es in Europa anders sein würde. Vor allem wäre sie dort auch nicht mehr ständig dem Einfluss ihrer Mutter ausgesetzt.

Vielleicht lohnt es sich, einige Überlegungen zum Typus des Sammlers – hier in der Spielart der Sammlerin – anzustellen. Der Sammler ist ein Mensch, der in einem oder mehreren Gebieten Auswahlkriterien entwickelt hat, nach denen er seine Sammlung bestücken möchte. Sein Ziel ist eine möglichst vollständige, schöne oder große Sammlung – das hängt von den Auswahlkriterien und seinen Mitteln ab. Der wahre Sammler ist ein Mensch, dem die Sammlung über alles geht. Er zögert nie, wenn ihm wieder ein Stück ins Visier kommt. Dem wahren Sammler sind menschliche Beziehungen niemals so wichtig wie die Sammlung. So gesehen ist er im Grunde ein Unmensch.

Peggy Guggenheim war eine Sammlerin – zuerst von Männern. Ihre Auswahlkriterien waren eindeutig: Männer mussten schön sein. Durchaus in einem klassischen Sinn. Außerdem mussten sie außerhalb des Kreises stehen, in dem sie selbst groß geworden war. Auf keinen Fall sollten es Männer sein, die sich irgendwie mit Geldverdienen beschäftigten. Es mussten, das war ihr seit dem Intermezzo in der Loeb'schen Buchhandlung klar, Intellektuelle oder Künstler sein, am besten Europäer. Kultivierte, aber exzentrische Männer. Peggy suchte, wie sie mehrfach äußerte, in all ihrem Sammeln von Männern eigentlich immer den früh verlorenen Vater, der seinerseits ein Sammler von Frauen war. Peggy, die Kunstsammlerin, entwickelt sich erst später, aus der Sammlerin von Männern – Künstlern – heraus. Bei ihrem Kunstsammeln hatte sie sehr gute Berater – und bald einen eigenen Instinkt, den sie bei Liebhabern lebenslang nicht hatte. Als sie älter wurde, beschützte sie junge Künstler ebenso wie ihre Sammlung.

Im Nachhinein hielt sie ihren Kampf um männliche Anerkennung für idiotisch. Aber in dieser Pariser Zeit war es ihr größter Triumph, ihre damalige Freundin mit noch mehr Anträgen von Verehrern und mit ständig neuen Pariser Modellkleidern zu übertrumpfen. Es sei ihr um nichts als das gegangen. Doch war sie nicht auch nach Paris gekommen, um Laurence wiederzutreffen? Sie schreibt dazu: »Durch die Fleischmans traf ich Laurence wieder. Helen Fleischman war gut Freund mit Laurence. Sie hatte eine kleine Affäre mit ihm, in die Leon sie hineingestoßen hatte. Das erregte ihn. Sie sagte mir, sie wollte, dass Laurence und ich mit ihnen zum Abendessen kommen sollten, und dann sagte sie zu Laurence, er solle mich nicht so sehr beachten, sonst sei Leon beleidigt. Ich denke, Leon war beleidigt, denn Laurence und ich wurden ganz gute Freunde.«

Wenig später gehen Laurence und Peggy spazieren, an der Seine, wie unendlich viele Liebespaare vor und nach ihnen. Im Augenblick hat sie nur ein einziges großes Problem: »Zu dieser Zeit war ich bekümmert darüber, dass ich noch Jungfrau war. Ich war dreiundzwanzig, und ich fand es belastend. Alle meine Freunde waren bereit, mich zu heiraten, aber sie waren so voller Respekt für mich, dass sie mir nie Gewalt angetan hätten. Ich hatte eine Sammlung von Fotografien der Fresken, die ich in Pompeji gesehen hatte. Sie zeigten Menschen, die in verschiedenen Positionen Liebe machen, und natürlich war ich sehr neugierig und wollte sie auch alle ausprobieren. Bald sollte die Gelegenheit für mich kommen, dass ich Laurence für diesen Zweck benutzen konnte.«

Als Laurence Peggy einmal in ihrem Hotel, dem *Plaza Athénée*, besucht, ist Florette gerade ausgegangen, und Laurence sieht die Gelegenheit gekommen. Peggy gibt ihm so schnell nach, dass er erstaunt ist – das Ziel auch ihrer Wünsche ist nah … Gleichzeitig warnt sie ihn – die Mutter, mit der sie sich die Suite teilte, könne jederzeit zurückkommen. Kein Problem für den König der Bohemiens. Er vertröstet die neugierige Peggy auf ein anderes Mal und schlägt sein Hotelzimmer als Treffpunkt vor. Doch Peggy, die das Eisen immer schmiedet, solange es heiß ist, hat schon ihren Hut aufgesetzt und brennt darauf, den Schauplatz sofort zu wechseln: »Ich bin sicher, so hatte er es nicht gemeint. So verlor ich meine Jungfräulichkeit. So einfach war das. Ich denke, Laurence hatte eine ziemlich harte Zeit, denn ich verlangte alles, was ich auf den pompejanischen Fresken gesehen hatte. Ich ging nach Hause und aß mit meiner Mutter und einer Freundin zu Abend, weidete mich genüsslich an meinem Geheimnis und fragte mich, was sie wohl denken würden, wenn sie es wüssten.«

Familienleben in der Boheme

So hat Peggy sich die Boheme in ihren kühnsten Träumen nicht vorgestellt. Eigentlich lebt man ausschließlich im Café, die Namen sind seitdem in aller Munde: *Dôme*, *Rotonde*, *Coupole*, *Select*, *Jockey*, *Flore* und *Deux Magots*. Laurence kennt alle *expatriates* (Ausgebürgerten), wie die amerikanischen Künstler und Intellektuellen in Europa genannt werden, und einige Franzosen. Die *expatriates* unterscheiden sich durch ihre Aktivitäten wie auch durch die Gründe, die sie nach Paris brachten. Was sie vereint, ist eine allgemeine Respektlosigkeit gegenüber den sogenannten guten Sitten, den Traditionen im Allgemeinen und denen in den Künsten. Heilig ist ihnen nichts, und Amerika war ihnen schon lange zu flach, zu puritanisch, ein einziger *bore*. Nur wenige sprechen gutes Französisch, und sie mischen sich nur selten mit den Franzosen. Die *expatriates* bilden ihre eigenen abgeschotteten Zirkel. In der Buchhandlung von Sylvia Beach jedoch, *Shakespeare and Company*, verkehren alle, egal ob sie zum Kreis um James Joyce gehören, der seit 1915 in Paris lebt, oder ob sie sich um das *monstre sacré* in der Rue de Fleurus 27 scharen: Gertrude Stein lebt schon seit 1903 in Paris. Die

Entscheidung ist gefordert: Zu welchem Kreis will man gehören? Ist der *expatriate* eine Frau, fällt die Entscheidung flach – Gertrude Stein, das ist vielfach verbürgt, mag keine interessanten Frauen und überlässt die Gattinnen oder Begleiterinnen ihrer genialen Proselyten immer der eigenen Gefährtin Alice B. Toklas. Die sprichwörtliche Offenheit der Boheme entpuppt sich in Wahrheit als eine nur scheinbare. Wie aus dem Nichts brechen plötzlich die Kämpfe los. Darin ist insbesondere der König der Boheme, Laurence Vail, groß. Er könnte viel bewirken, denn sein Einfluss ist groß. Doch seine Aktionen bewegen sich deutlich im Bereich des Spielerischen, Amüsanten, rein Gesellschaftlichen. Zu viele Ideen begeistern ihn. Er lässt schnell wieder von ihnen ab. Er weiß nicht, ob er lieber Maler wäre oder Schriftsteller. Am allerbesten gelingen ihm immer noch seine anerkannten wilden Partys, die er in der Wohnung seiner Mutter feiert.

Peggy lernt zwei verflossene Freundinnen von Laurence kennen, Djuna Barnes, die sich seit 1919/20 in Paris aufhält und auf dem Weg ist, eine zwar arme, aber bedeutende Schriftstellerin zu werden, und die reiche Witwe Mary Reynolds. Mit ihnen wird sie ihr Leben lang befreundet bleiben und hat durch sie bald Kontakt zur Avantgarde. Peggy findet beide Frauen hinreißend schön.

Wahrscheinlich war es Djuna Barnes, die Peggy bei James Joyce einführte. Den Namen Robert McAlmons, des Schriftstellers, Verlegers und Mitherausgebers der

Zeitschrift *Contact*, wird sie im Jahr darauf nennen – neben Sylvia Beach war er sozusagen unumgänglich, wenn man sich in Paris nur irgend für Kunst interessierte. Auch der Name Joyce fällt erst 1923, wenn auch die Bekanntschaft mit ihm sicherlich früher zu datieren ist. Daneben sind es wenige berühmte Namen, die sie erwähnt. Sie nennt die große Liebe der Barnes, die Bildhauerin Thelma Wood, die Lyrikerin und Kunstgewerblerin Mina Loy, Man Ray und Kiki de Montparnasse sowie Marcel Duchamp und – Jahre später – Jean Cocteau. All diese Personen gehören dem vielleicht etwas weniger »intellektuellen«, rein künstlerischen Milieu an und sind für Skandale gut. Peggy liebte es zwar, mit Frauen befreundet zu sein. Wie weit diese Frauenfreundschaften gingen, ob es hier – zeitbedingt – auch zu erotischen Beziehungen kam, kann nicht mit Sicherheit gesagt werden. Wenn Peggy in späteren Jahren Vergleiche zieht, so stellt sie jedoch die Frauenfreundschaften immer unter die Männerbeziehungen – Frauen seien ihr in der Regel zu langweilig gewesen. Eine Ausnahme hiervon waren lediglich Djuna Barnes und Mary Reynolds.

Für Peggy ist die frühe Pariser Zeit belebend: Sie geht in ihrer ersten großen Liebe auf und fühlt sich wiedergeliebt, sie genießt das verrückte, erotisierende Milieu der Zwanzigerjahre. Alkohol spielt eine Rolle, Drogen nicht – es geht um das Überschreiten aller bisher gesetzten und akzeptierten Grenzen, dazu gehören Homosexualität, chaotische Kreativität, Nachtleben und viele Flirts. Die Welt um sie herum – Soziales, Politisches, Wirtschaft – kommt nicht in ihrem Erinnerungsbuch vor, obwohl in allen europäischen Ländern die Folgen des Ersten Weltkrieges zu spüren sind und vielfach Elend herrscht. Auffällig ist, dass sie in dieser Zeit nicht einmal ihre ausgesprochenen Interessensgebiete, die bildende Kunst oder die Literatur thematisiert. Nur die äußerlichen Vorgänge, die Schilderung von Personenkonstellationen und Aktionen, von Ortswechseln und Entscheidungen sind ihr wichtig – ein schneller, fast filmisch hart geschnittener Lebensrhythmus ist es, der ihrem eiligen Wesen entspricht.

Peggy ist in Laurence verliebt, möchte ihn ausschließlich für sich, und auch Laurence ist in Peggy verliebt, aber verliebt war er schon öfter. Sein Problem ist die Kapriziosität. So kommt es, dass er eines Tages im Überschwang Peggy einen Heiratsantrag auf dem Eiffelturm macht. Peggy sagt sofort Ja. In der Ehe mit diesem Mann ist sie vor der Gefahr der Langeweile gefeit, denkt sie und muss allerdings bemerken, wie Laurence nach seinem Antrag sichtbar von Reue ergriffen ist, ihm seine Frage fast leid zu tun scheint. Sie ist schockiert, im Wechselbad der Gefühle, und Laurence wird immer nervöser, denn er denkt an die Zukunft. Was ist er schon, was kann er Peggy bieten? Er wird sich aus der Abhängigkeit von seiner Mutter in die einer reichen Erbin begeben, das kann sein Stolz nicht ertragen.

In der Gefühlsverwirrung nimmt er Zuflucht zu einer kleinen Reise nach Rouen, wo er über alles nachdenken will. Peggy setzt sich jedoch durch und schafft es, einen ordentlichen Ehevertrag mit Gütertrennung zu erwirken. Nachdem dann das Aufgebot veröffentlicht ist, beginnt sie, ernsthaft zu glauben, dass Laurence, ihr König ohne Reich, sie heiraten wird. Doch noch ist das Gefühlschaos nicht beendet. Laurence packt nämlich erneut der Wankelmut, und er entschließt sich, mit seiner über alles geliebten Schwester Clotilde nach Capri zu reisen. Nachdenken, Abstand nehmen. Und die Heirat? Man muss sie aufschieben. Peggy soll in der Zwischenzeit nach New York fahren. Laurence bietet an, ihr im Mai zu folgen, sollte sie dann immer noch ans Heiraten denken.

Ratlosigkeit macht sich bei Peggy, ihrer Mutter und der Schwiegermutter in spe breit. Das Gepäck für Capri ist parat. Laurence braucht nur noch die Fahrkarte. Da erscheint er in der Halle des Hotels *Plaza Athénée* vor den versammelten weiblichen Statisten, laut Peggy so bleich wie ein Geist. Und was er fragt, zeugt einmal mehr von seiner unnachahmlichen Fähigkeit, Entschlüsse im letzten Moment noch zu verändern: »Peggy, willst du mich morgen heiraten?« Und was antwortet die Rebellin, Hasserin von Langeweile und Freundin der Freiheit: »Ja, ja, ja!«

An ihr soll das Abenteuer Ehe nicht scheitern. Vielleicht traut sie dem Frieden nicht ganz, und außerdem ist Peggy ein sparsamer Mensch. Daher verzichtet sie auf den Kauf eines Hochzeitskleides und leistet sich stattdessen nur einen neuen Hut.

Entgegen den Vermutungen der Zweifler erscheint der König der Bohemiens am 10. März 1922 pünktlich in der Mairie des 16. Arrondissements. Er hat unterwegs noch ein paar Stadtstreicher und Huren aufgetrieben, die der ganzen Sache etwas mehr Farbe verleihen sollen. Schließlich und endlich werden Peggy Guggenheim im neuen Hut und Laurence Vail ohne Hut ordnungsgemäß Mann und Frau.

Am Morgen nach der Hochzeitsnacht wacht sie auf und fühlt sich verkatert, und daran sind weder die Austern schuld noch die Grippe. Es beschleicht sie das unbestimmte Gefühl, dass die lang ersehnte Heirat mit Laurence Vail nun, da sie vollzogen ist, ihr gar nicht mehr so viel bedeutet.

Zwei Tage später reist das Paar, wie ursprünglich geplant, nach Rom ab. Noch auf dem Bahnhof erscheint Florette und wedelt mit einem nagelneuen Pass, den sie für Peggy hat machen lassen. Für alle Fälle, falls die Tochter gezwungen sein sollte, alleine abzureisen ... da steht er noch einmal, der ursprüngliche Vorname und auch der »Mädchenname«, vor dem neuen Nachnamen: Marguerite Guggenheim Vail.

Selbst in dieser Beziehung zu Laurence hat Peggy nach wenigen Tagen als verheiratete Frau das Gefühl, permanent gegen die Langeweile einer Gewohnheitsbeziehung ankämpfen zu müssen. Das Paar reist weiter nach Süden. Auf Capri entspannt sich die

Atmosphäre zunächst, denn das Lokalkolorit mit drei singenden, kochenden und rabenartig stehlenden einheimischen Hausbesorgerinnen, die nachts im Garten ihre Liebhaber empfangen, die zauberhafte Kulisse der Insel, die Abgeschiedenheit und Merkwürdigkeit Capris und seiner Bewohner berauschen Peggy. Die Mischung ist exzentrisch genug. Nach drei Wochen des absoluten Genusses marschiert leider ein störendes Element in Gestalt der von Peggy selbst eingeladenen Schwester Laurences, Clotilde, auf.

Peggy muss sich klarmachen, dass sie die Brüderchen-und-Schwesterchen-Liebe unterschätzt hat. Die jüngere Schwester hat Laurence so fest in der Hand, dass jede ihrer zahlreichen Liaisons einen Eifersuchtsanfall größeren Ausmaßes auslöst. Er lässt ihn an seinem frisch ernannten Prügelknaben aus, der androgyn wirkenden Peggy.

Im Herbst reist sie nach New York, um die geliebte Schwester Benita zu besuchen, während Laurence mit Clotilde das Baskenland auf dem Motorrad unsicher macht ... Auf der Rückreise bemerkt Peggy, dass sie ein Kind erwartet, und hütet konstant die Kabine, weil ihr schrecklich übel ist.

Peggys Schwangerschaft ist in der Folge von ständigem Streit mit Laurence gekennzeichnet. Eigentlich kennt sie inzwischen das leicht aufbrausende Wesen ihres Mannes. Laurence fängt nicht nur mit irgendwelchen Menschen unversehens Streit an, nein, in zunehmendem Maß auch mit ihr selbst. Laurence kann

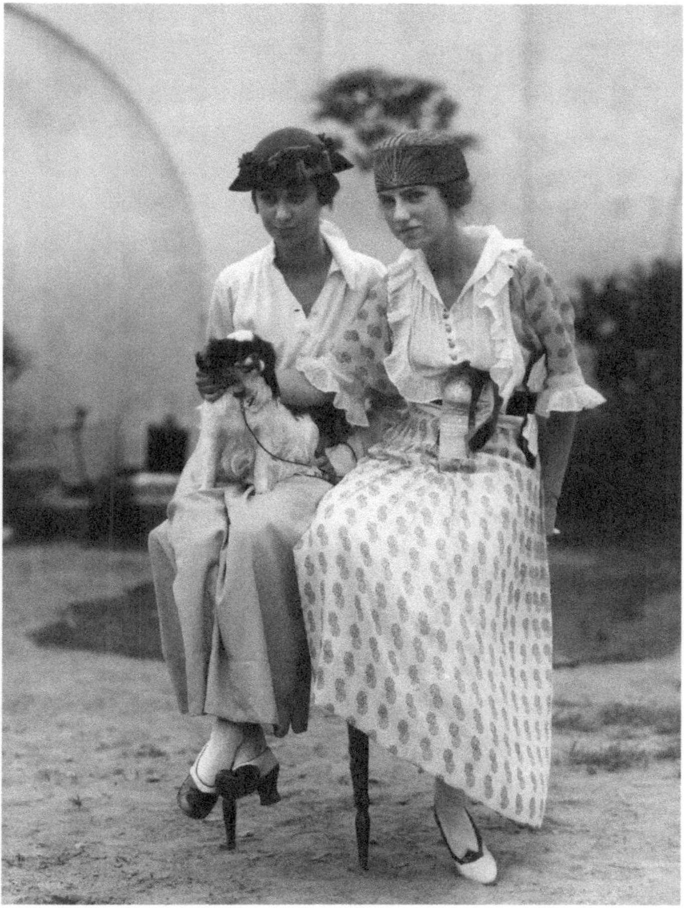

Benita und Peggy Guggenheim mit ihrem Hündchen Twinkle, 1919

rasend werden, geradezu gewalttätig. Er zertrümmert die Hauseinrichtung, wenn er in Rage ist. Er wirft auch Peggys Schuhe aus dem Fenster, zerschmeißt teure Spiegel, das Geschirr und reißt schwere Leuchter vom Tisch. Das alles dauert Stunden, manchmal Tage. Oder Wochen. Peggy, deren Rebellion gegen den Mann ohne Hut erst viel später beginnt, bereut im Rückblick, niemals zurückgeschlagen zu haben: »Er wollte, dass ich zurückschlug, aber alles, was ich tat, war zu weinen.« Diese Passivität bringt Laurence erst recht in Rage. Er will eine Reaktion, unbedingt. So greift er zu immer grauenhafteren Mitteln, schmiert Marmelade in Peggys langes Haar, wirft sie auf der Straße zu Boden oder schleudert ihr Gegenstände an den Kopf, wenn sie im Restaurant sitzen. Einmal hält er ihren Kopf in der Badewanne unter Wasser, bis sie glaubt, ertrinken zu müssen. Für die Gründe, die zu diesen Ausfällen führen, gibt Peggy nichts Bestimmtes an, außer dass sie selbst *very irritating* auf Laurence gewirkt haben muss – was immer man sich darunter vorzustellen hat. Nur eine Person, Djuna Barnes, hat die Laurence bannenden Zauberworte einer geborenen Schriftstellerin zur Hand: »Sei doch kein Arschloch!«

Daneben erarbeiten sich die Streitenden immerhin auch einige einvernehmliche Entschlüsse: Sie möchten ihren Sohn – sie »wissen«, dass es ein Junge wird, lange bevor es den Ultraschall gab – Gawd nennen, und er soll in London das Licht der Welt erblicken. Ende April 1923 fährt Peggy nach London, um eine Wohnung anzumieten. In Campden Hill bei Kensington findet sie das geeignete Haus mit Garten.

Am Abend vor der Geburt kommt Peggy nach Hause und fühlt sich nicht sehr gut. Wie geplant soll trotzdem die Dinnerparty stattfinden. Nach dem Essen wirft die Frau eines Freundes ihrer Gastgeberin Peggy ein Kissen gegen den Bauch – über die Gründe hierfür ist nichts bekannt. Das genügt, um die Fruchtblase sofort zum Platzen zu bringen. Eine hysterische Betriebsamkeit erhebt sich. Mary Reynolds fordert Peggy auf, sich ins Bett zu legen. Laurence fährt mit seinem Freund im Auto los, um die Hebamme herbeizuholen. Die Geburt dauert die ganze Nacht. Zwei Ärzte müssen hinzugezogen werden. Aber auch ihnen gelingt es nur mit Zangeneinsatz, am Morgen des 15. Mai 1923 gegen acht Uhr früh das Kind zur Welt zu bringen. Peggys Sohn soll nun nicht Gawd, sondern Michael Cedric Sindbad Vail heißen, und dabei bleibt es (sein Rufname wird Sindbad – die orientalische Idee stammt von Laurence). Peggy findet den Neugeborenen zwar sehr lieb, aber unglaublich hässlich. Unter dem strengen Regime der Tagschwester dürfen die frischgebackenen Eltern kaum mit dem Kleinen Scherze treiben. Wie gut, dass es die Nachtschwester gibt!

Im Herbst reist das Ehepaar gemeinsam mit Sindbad und der Kinderschwester Lily sowie Clotilde und zwei Freundinnen nach Capri. Auffällig ist, wie selten Laurence und Peggy allein anzutreffen sind. Fast scheint es, als wünschten sie die fortwährende

Gegenwart von Freunden, um nicht in Streitigkeiten zu verfallen. Doch auch Capri bringt dem Paar kein Glück. Wieder leidet Laurence unter entsetzlichen Anfällen von Eifersucht: Clotilde hat einen neuen Liebhaber, einen verheirateten Italiener, den Capitano Patuni, den Laurence prompt zum Zweikampf auffordert. Daraufhin kommt er vorübergehend ins Gefängnis – einzig eine rasche Abreise nach einem von Peggy veranlassten Anwaltsauftritt vor Gericht scheint die Lösung zu sein. Man überwintert in Ägypten.

In der Zeit ihrer Ehe mit Laurence Vail erlebt man Peggy als genusssüchtige, sorglose Person ohne tiefergehende Interessen oder Einsichten. Rebellisches Verhalten legt sie im Grunde nicht an den Tag – allerdings gerät sie, vom Standpunkt ihrer Familie aus betrachtet, nolens volens mehr und mehr in die Position der Andersartigkeit und Verworfenheit. Ihr Bestreben ist es, sich wie ihre Vorbilder Helen Fleischman, Mary Reynolds und Djuna Barnes möglichst modern, das heißt tolerant gegenüber Laurence zu verhalten. So gestattet sie ihm in Ägypten großzügig ein kleines Abenteuer mit einer hübschen Bauchtänzerin. Das Campen in der Wüste kommt ihr luxuriös vor, denn eine riesige Karawane von Kamelen mit Koch und Zelten, Einrichtung und Lebensmitteln begleitet die Europäer. Der Ritt auf einem Kamel ist nicht sehr komfortabel, wohingegen es großen Spaß macht, auf einem Esel zu reiten. Das ist in etwa die Art von Peggys Erfahrungen, und sie kulminieren in den scharfsinnigen Beobachtungen, dass die Existenz Ägyptens vollständig vom Nil abhängt und die Ägypter zu einem großen Teil Araber und sehr arm sind.

Das Ziel der Vails ist Wadi Halfa, die Tempel und das Tal der Könige. Der Kimombo-Tempel und der Phalaes-Tempel stehen gerade unter Wasser, aus diesem Grund fahren sie mit dem Ruderboot heran. Peggy zeigt sich von den Kunstwerken beeindruckt. Noch ist Tutenchamuns Grab nicht geöffnet worden, noch sind lediglich »verrückte« Engländer gelegentlich als Touristen in Ägypten unterwegs. Die nächste Reiseetappe ist Jerusalem. Wieder wird der kleine Sindbad mit dem Kindermädchen zurückgelassen, diesmal in Kairo.

In Jerusalem empfindet Peggy zum ersten Mal in ihrem Leben Scham darüber, ihren Mann außerhalb des Kreises ihrer Glaubensangehörigen gewählt zu haben. Die Juden von Jerusalem, das gerade im Begriff steht, wiederaufgebaut zu werden, schauen sie entsetzt an: Was haben die eindeutig jüdisch aussehende junge Frau und der eindeutig nicht jüdische blonde Mann miteinander zu schaffen? Peggy und Laurence finden in dem jungen Staat wenig Fesselndes. Eine Ausnahme ist die Klagemauer. Doch in das beeindruckte Staunen über das Bauwerk und seine Nutzung mischen sich auch negative Gefühle: »Es war mir peinlich, dass dies mein Volk war. Der ekelerregende Anblick meiner Landsleute, die öffentlich stöhnten und jammerten und sich körperlich verbogen, war mehr, als ich

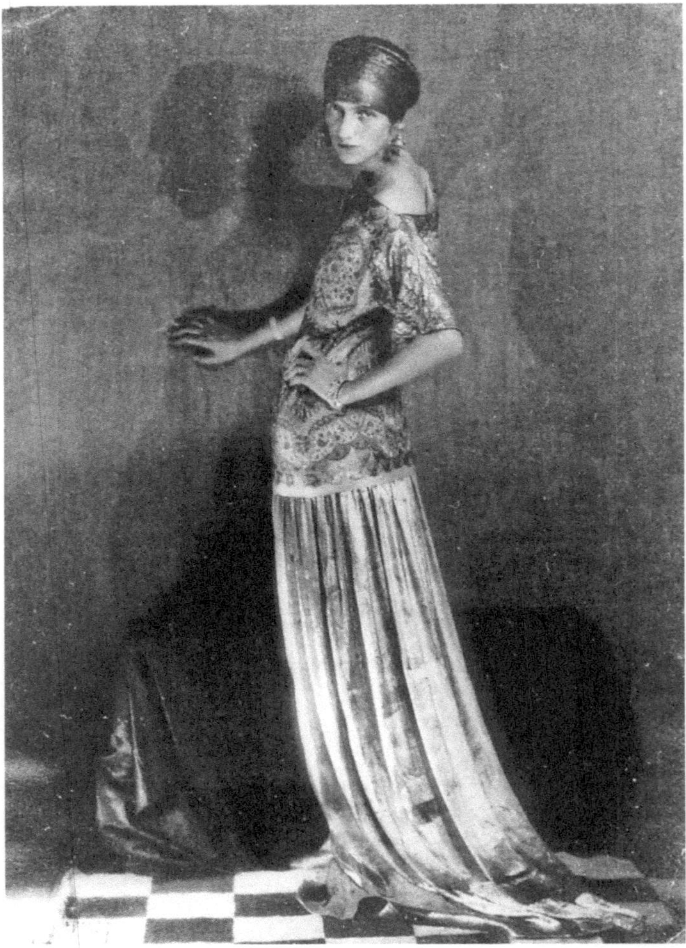

Peggy Guggenheim 1924, fotografiert von Man Ray

ertragen konnte, und ich war froh, als wir die Juden wieder verließen.«

Derartige Äußerungen Peggys verstören stark, zum Glück sind sie selten: Nur den eigenen, spontanen Eindruck unreflektiert wiedergebend sind ihre Sätze gerade dann, wenn sie in unbekannte Gefilde vordringt. An dieser Stelle kommt etwas hinzu: Ihr Ekel erscheint ebenso wie die Unfähigkeit, das eigene Kind zu stillen, als typische Reaktion eines verwöhnten amerikanischen Mädchens: puritanisch erzogen, reinlich und sinnenfern. Im Widerspruch dazu steht Peggys Faszination für die Boheme, die Anziehungskraft des Schillernden, Verbotenen, das jene Welt von der »sauberen« Familie ihrer Herkunft unterscheidet.

Kurz entschlossen mieten Peggy und Laurence nach der Rückkehr nach Paris auf dem Boulevard Saint-Germain für sechs Monate eine große Wohnung – wahrscheinlich ist ihnen dieser kurze Zeitraum gerade recht. Die guten *Louis-Seize*-Möbel werden in die letzten Ecken verbannt und stattdessen französische Bauernstühle und -tische angeschafft, die sich besser für die rauschenden Partys eignen, die jeden Sonntag stattfinden. In ihrem neuen Poiret-Abendkleid, dem berühmten mit dem goldenen Rock und dem blau-weißen Oberteil aus Crêpe de Chine und dem dazu passend angefertigten Kopfputz von Vera Strawinsky, macht Peggy eine gute Figur. Man Ray hat sie in einem unvergesslichen Foto mit langer Zigarettenspitze aufgenommen – der Inbegriff des *Glamourgirls of the*

Roaring Twenties, dem sie damals entsprechen wollte. Am Morgen nach jeder Party geht sie dennoch mit der großen Lysolflasche durch die Wohnung.

Peggy lebt mit allen Sinnen in Paris. Sie sieht die berühmten Ballettaufführungen, die der Comte de Beaumont organisiert, die *Soirées de Paris*, für die Strawinsky und die *Groupe des Six* komponieren. Und wie schon 1917, als Picasso über Cocteau mit Serge Diaghilew, dem Leiter der 1911 in Paris gegründeten *Ballets Russes*, in Berührung kam und für das Ballett *Parade* von Erik Satie und Cocteau die Bühnenbilder entwarf, werden die avantgardistischen Künstler beteiligt, um die Aufführungen als moderne Gesamtkunstwerke zu kennzeichnen. Die Zeit ist so schnelllebig wie nie zuvor. Es gibt Telefone und Autos, man kann im Nu von einem Ort zum anderen reisen. Nichts steht mehr fest. Das ist das Credo der Künstler dieser Zeit, die die landläufigen Sehgewohnheiten desavouieren und sich abstrakten oder surrealistischen Möglichkeiten zuwenden.

Im Jahre 1924 tritt der Surrealismus als Bewegung auch theoretisch in Erscheinung – André Breton veröffentlicht das *Manifest des Surrealismus*, in welchem er feststellt, die neue Dichtung wie die neue Malerei seien ein reiner, das heißt physischer Automatismus – die Vernunft als Kontrollinstanz habe ausgespielt, ebenso alle ästhetischen oder moralischen Vorbehalte. In freien Assoziationen, im Ausdruck von Träumen, spielerischem Umgang mit Ideen gefällt sich der Surrealismus als eine Art höhere Wirklichkeit. Wie müssen diese Vorstellungen einer Frau wie Peggy, die die Konventionen so sehr hasste, gefallen haben! Sie und ihre Freunde sahen vermutlich zahllose, später zu Klassikern der Moderne gewordene Werke mit den Augen der Ersten: Alberto Giacometti, Juan Miró, Piet Mondrian, Marc Chagall, Georges Braque, Juan Gris, Fernand Léger und Robert Delaunay, um nur die berühmtesten Namen zu nennen. Es ist auch die Hochzeit der dadaistischen Bewegung, in der es 1922 zum ersten großen Bruch kam, als sich Tristan Tzara von André Breton distanzierte, dem lange unumstrittenen Guru der Bewegung. Gegen Breton behauptete Tzara, der wahre Dadaismus müsse sowohl das Alte wie das Moderne verneinen, er verneine schlicht alles. Breton seinerseits ging es um die Entwicklung eines modernen Geistes, er hatte also einen durchweg pragmatischeren Ansatz. Dieser Zwist, der die Mitglieder der Pariser Avantgarde in zwei Lager spaltete, wurde offen im Stil dadaistischer Provokation ausgetragen – es kam zu gebrochenen Armen und Beinen, ein Theater wurde zerstört und die Polizei musste eingreifen. Es gab zahlreiche Widersprüche, in die sich die Surrealisten – insbesondere Breton – verwickelten, da sie einerseits für das unbedingt Moderne waren, sich andererseits mit spiritistischen Erfahrungen die Zeit vertrieben, die eindeutig einem anderen Zeitalter angehören. Unverändert blieb die Art der Meinungsäußerung: Immer artikulierten sie ihren Protest lautstark und ohne Rücksicht auf Konventionen – auffallen um jeden Preis, sagte sich Breton, den man an seinem Monokel oder seinen dunklen Sonnenbrillen immer leicht erkannte.

Natürlich war die Gruppe auch antinationalistisch. Die Stimmung jener Jahre war äußerst leicht erregbar, Stichworte reichten aus, um gewalttätiges Verhalten auszulösen. Kämpfe waren an der Tagesordnung.

Außer für die bildende Kunst und das Ballett sind die Zwanzigerjahre in Paris auch eine große Zeit für das Theater und die Literatur. Cocteau und Tristan Tzara werden als Bühnenautoren berühmt, unzählige Gedichte entstehen, Zeitschriften werden verlegt – Namen »moderner« Autoren wie André Breton, Robert Desnos, Paul Eluard, Louis Aragon, Blaise Cendrars und Max Jacob sind bald in aller Munde. Ein ausgezeichnetes künstlerisches Beispiel für die enge Beziehung und nationenübergreifende Freundschaft zwischen bildenden Künsten und Dichtern ist Max Ernsts 1922 entstandenes Bild *Au rendez-vous des amis*, auf dem neben den vielen Zeitgenossen auch Raffael und Dostojewski figurieren.

Peggy ist in diesen Jahren nicht mehr gelangweilt, sondern im Gegenteil äußerst animiert (teilweise sogar überanstrengt) durch den bunten Wechsel von Ereignissen und Erlebnissen, von Kontakten mit außergewöhnlichen Menschen, die sie über Laurence und auf eigene Faust kennenlernt. Sie verändert sich, wird durch Laurence verändert, während sie auf ihn wenig Einfluss nimmt.

Der Guggenheim-Trust

Wenngleich Peggy Guggenheim sich seit dem Beginn ihrer Beziehung zu Laurence Vail stark vom Clan der Guggenheims abgenabelt hatte, war sie doch immer noch verwandt mit einer großen Familie, die ungeheuren Reichtum anhäufte. Doch nur ein Familienmitglied entwickelte ähnliche Interessen wie Peggy.

Insofern sollte ein Blick zurück auf die Geschicke des Familienkonzerns geworfen werden, die sich in dem Augenblick veränderten, als Benjamin, Peggys Vater, und William, die jüngsten Guggenheim-Brüder, zu Beginn des 20. Jahrhunderts die Partnerschaft verließen.

Meyer Guggenheim, der Gründer allen Reichtums, war bereits am 15. März des Jahres 1905 gestorben. Sein Vermögen belief sich zum Zeitpunkt seines Todes zwar »nur« auf etwas mehr als zwei Millionen Dollar, hinzu kamen die mittlerweile fast komplett ausgebeuteten Minen in Colorado. Darüber hinaus hinterließ er jedoch – mit den Abstrichen für Benjamin und William – sieben Söhne, die Multimillionäre waren. Insgesamt beträgt deren Vermögen zum Zeitpunkt des Todes ihres Vaters 75 Millionen Dollar, und die Kaufkraft des Dollars betrug damals ein Vielfaches der heutigen. Daher müsste man heute die Summe des damaligen Vermögens mit rund 450 Millionen Dollar angeben. Nach Meyer Guggenheims Tod ist es der im Jahre 1858 zweitgeborene Sohn Daniel, Mr Dan, der die Führung der Partner-Brüder übernimmt. Dan hört von den riesigen Kupfervorkommen in Alaska und alarmiert die Brüder. Mit der Hilfe von J.P. Morgan, dem einflussreichsten Finanzier der amerikanischen Geschichte, gelingt die Expansion. Das *Alaska Syndicat* wird gegründet, es geht unter dem Namen *Guggenheim Trust* in die Geschichte ein. Wenig später haben die Cartoonisten Amerikas zwei neue Figuren entwickelt – zwei Polarbären mit »jüdischen« Nasen und weißen Handschuhen, die sich Alaskas bemächtigen –, sie tragen die Namen »Guggenmorgan« und »Morganheim«. Die Cartoonisten liegen richtig – der Trust kauft Alaska buchstäblich auf.

Die Brüder Guggenheim machen auch hier nicht halt – sie haben es sich zum Ziel gesetzt, die ganze Welt nach profitablen Bodenschätzen abzusuchen, sie zu geringen Lohnkosten abzubauen, auf diese Weise die Preise für die jeweiligen Rohstoffe im eigenen Land zu drücken und sich dann als Monopolist einzukaufen. Die recht simple Strategie funktioniert auf eine erstaunliche Weise, sei es beim Gold des Yukon-Flusses, beim Kupfer in Utah, Nevada und Chile, beim Zinn in Bolivien und Mexiko, all den übrigen Bodenschätzen Mexikos und schließlich bei den riesigen Diamantenfeldern in Belgisch-Kongo und Angola.

Als der Erste Weltkrieg ausbricht, kontrollieren die Guggenheims 75 bis 80 Prozent aller Silber-, Kupfer- und Bleivorkommen in der Welt – was bedeutet, dass sie die Preise für diese Metalle diktieren können, ein zu Kriegszeiten unschätzbarer Vorteil, der ihnen zupass kommt. Zur selben Zeit jedoch verstärken sich in Amerika aufgrund der damals zumeist deutschen Herkunft der reichen jüdischen Familien die antisemitischen Hetzkampagnen. Unter den jüdischen Geldaristokraten übertreffen am Ende des Ersten Weltkrieges nur noch die Rothschilds die Familie Guggenheim.

1923 zieht sich die ältere Garde der Guggenheim-Brüder weitgehend aus dem Geschäft zurück und überlässt die Hauptaufgaben den sich als am geeignetsten erweisenden Söhnen, Edmond, Murrys Sohn, und Harry, Mr Dans Sohn (in den übrigen Guggenheim-Familien überwiegen die Töchter).

Der Verkauf der bedeutenden Kupfermine Chuquicamata 1923 sollte der entscheidende Auslöser der Entfremdung zwischen den Familienmitgliedern sein, die von nun an mehr und mehr ihre eigenen Interessen fördern, zum Teil auf Kosten der jeweils anderen. In diesem Sinne ist auch Peggys eigenes Ausscheren, das ungefähr zeitgleich mit dem allgemeinen Auseinanderdriften der Familieninteressen erfolgte, zu verstehen – die Jahre des Guggenheim-Clans als übermächtiges Zelt, unter dem sich alle Mitglieder friedlich und an einem Strang ziehend versammelten, sind endgültig vorbei.

Peggys Blick ist nun nicht mehr auf den Clan als Ganzes gerichtet, sondern auf einzelne Personen. Besonders ihr Onkel Solomon interessiert sie mehr und mehr.

Das zweite Kind

In einer Rezension über Peggys Autobiografie aus dem Jahr 1980 wurde die Ähnlichkeit der Schilderungen Peggys mit den Ereignissen der stürmischen Ehe von Scott und Zelda Fitzgerald hervorgehoben. Kritisch merkte der Rezensent an, dass Peggy noch nicht einmal diese Namen nennt, obwohl das Sichsuhlen in der Unkonventionalität bis zu den Szenen des Beschmierens der Haare mit Marmelade sehr ähnlich wären.

Andererseits lebten sowohl die Fitzgeralds als auch die Vails und vielleicht noch zehn oder zwanzig andere Paare in Paris tatsächlich so. Sie gingen bis an die Grenzen des damals Denkbaren, ihre neuesten Frechheiten kursierten unablässig, und gelegentlich ahmte man nach, was man gehört hatte.

Peggy und Laurence ringen ab 1925 in entscheidenden Punkten immer mehr miteinander, haben so gut wie keine Gemeinsamkeiten und zeigen wenig Bereitschaft, Kompromisse zu schließen. Wie so oft in krisengeschüttelten Ehen versucht man zu kitten. Und wie so oft denken die Eltern, ein zweites Kind werde alles ins Lot bringen. So auch hier – Laurence redet nur noch von einem kleinen Mädchen, und Peggy verspricht ihm, sie würden es so lange probieren, bis es klappte.

Sindbad, jetzt achtzehn Monate alt, kann laufen und sprechen, und Peggy ist drei Monate nach ihrem Versprechen wieder schwanger. Laurence und Peggy fahren in das von beiden geliebte Venedig – Peggys fünfter Aufenthalt, währenddessen sie wieder tüchtig Einkäufe tätigt, darin ist sie schon geübt. Das Handeln macht ihr Spaß, es entspricht ihr, ist eine andere Form des Jagens und Sammelns. Wenn auch subtiler, speist es sich dennoch aus dem Reservoir der erwerbstüchtigen Guggenheim-Gene. Später wird sich zeigen, dass die hartnäckig eingehaltene Geschäftsmaxime des Handelns auch ein Grund für Peggys erfolgreiche Praxis als Kunstsammlerin ist.

Peggys Leidenschaft für Venedig ist übermächtig. Schon jetzt wünscht sie nichts sehnlicher, als einen Palazzo in der Lagunenstadt zu erwerben, aber ihr durch die weisen Onkel fest angelegtes Geld verhindert diese Möglichkeit. Auf dem Weg nach Frankreich verlieben sich Peggy und Laurence – immerhin gemeinsam – in ein Haus in der Nähe des Ortes Le Canadel zwischen Saint-Raphael und Toulon. Es gibt keine Elektrizität und kein Telefon, dafür einen schönen eigenen Strand und ein verwildertes Grundstück. Nach Unterzeichnen der Kaufurkunde wird Peggy ganz übel bei dem Gedanken an den hohen Preis; immerhin erreicht sie nachträglich eine Reduktion um ein Drittel.

Sie bringt ihr Kind in Ouchy bei Lausanne am Genfersee in einem Luxushotel zur Welt. Wie beim ersten Mal ist es ein Stoß gegen ihren Bauch, der ihrer

Meinung nach die Wehen auslöst: Laurence hat sich im Hotelspeisesaal wieder einmal danebenbenommen und unversehens landet eine Schüssel mit Bohnen in Peggys Schoß. In einer mehrere Stunden dauernden Geburt wird am nächsten Tag, dem 18. August 1926, Pegeen Jezebel geboren. Zum Glück ist es ein Mädchen, freut sich die Mutter.

Ein neuerlicher Tapetenwechsel ist fällig – die vierköpfige Familie zieht samt Kindermädchen Lily in das im Winter erworbene Haus, das den pittoresken Namen *La Croix Fleurie* trägt. Außerhalb von Le Canadel gelegen, gehört das Haus zu einer Bahnstation, die durch einige Häuser ergänzt wird – Pramousquier. Sie bekommen viel Besuch und bauen die Räumlichkeiten aus – ein Studio für Laurence, ein Atelier für Clotilde, ein Häuschen für andere Gäste. Die Freunde, die die Gesellschaft und die Küche der Vails schätzen – sie haben sich mit einem professionellen Set von Kupfertöpfen und -pfannen sowie Pariser Chefköchen eingedeckt –, wechseln sich in einem unendlichen Reigen ab.

Im Winter kommt es zu einem verschwiegenen Abenteuer Peggys unter extremer Trunkenheit und zu einem Eifersuchtsanfall größten Ausmaßes bei Laurence, der von der Sache erfährt. Noch Tage später erregt sich Laurence unversehens aufs Neue über Peggys Untreue und zerschmettert schließlich in einer Gaststätte mehrere Flaschen auf vier völlig unschuldigen Franzosen: Die Polizei muss eingreifen, Peggy

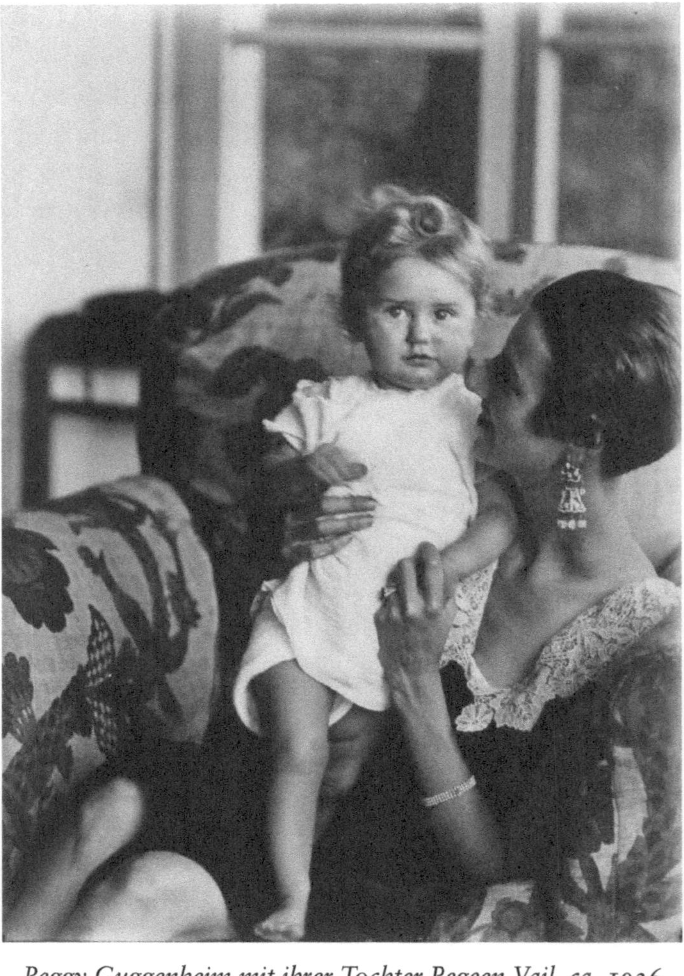

Peggy Guggenheim mit ihrer Tochter Pegeen Vail, ca. 1926

fällt in Ohnmacht und erfährt beim Erwachen, dass ihr Gatte im Gefängnis ist. In jener Nacht, da sie um Laurence kämpfen muss, fühlt sie sich dem guten Ratgeber und Helfer Marcel Duchamp so nahe, dass nur die Vorstellung, weitere Konfusion auf die bestehende zu häufen, die beiden davon abhält, im Bett zu landen. Marcel Duchamp bleibt ein zwar immer detachierter und schweigsamer, doch treuer Freund Peggys.

Im Sommer 1927 begibt sich das Paar auf eine Reise Richtung Andorra und Barcelona, wo sie auf den Ramblas herumstreifen und die ewigen Streitigkeiten ausfechten. Für Laurence entsteht aus seinen Erfahrungen mit Peggy, mit Dada und dem Surrealismus genügend Stoff für seinen neuen Roman, den er *Murder! Murder!* nennt. Peggy findet den Roman zum Teil komisch, zum Teil kränkend, denn Laurence spricht darin deutlich erkennbar von ihr. Da sie ihm ihren Widerstand gegen das Buch nicht verhehlen kann, ist er so getroffen, dass er in einem Wutanfall das Manuskript im Ofen seines Arbeitsraumes verbrennt. Der Sekretärin, die am selben Tage eigens aus Nizza zum Abtippen kommt, muss er den Text aus dem Gedächtnis diktieren. Eine gute Lehre, meint Peggy, denn in der zweiten Fassung sei er freundlicher mit ihr umgegangen. Leider ist auch die zweite Fassung, die 1932 erschien, für heutige Leser nicht greifbar.

Im Winter 1927, erinnert sich Peggy, sei sie mit Laurence in Amerika gewesen, diesmal begleitet von beiden Kindern und zwei Kindermädchen. Peggy erfährt, dass Benita wieder ein Kind erwartet – der fünfte Versuch nach vier Fehlgeburten –, und sie hegt den Wunsch, bis zur glücklichen Geburt bei ihr zu bleiben. Doch Laurence will davon nichts hören.

Im Sommer 1927 trifft die Unglücksbotschaft ein. Versehentlich öffnet Peggy das an Laurence adressierte Telegramm, in welchem er gebeten wird, sie schonend damit vertraut zu machen, dass Benita bei der Geburt ihres Kindes gestorben sei. Für Peggy ist der Verlust der geliebten Schwester ein extremer Schock. Sonst so tapfer, beginnt sie zu weinen und hört damit gar nicht wieder auf – wochenlang ist sie unansprechbar. Die Dauer und die Tiefe ihrer Trauer sind Laurence suspekt und provozieren einen neuerlichen Anfall von Eifersucht. Peggy lenkt erstmalig nicht mehr ein. Mit Benita hat sie die Seelenheimat, die Familie, verloren. Die Schuld für die langjährige Trennung von Benita schiebt sie Laurence zu. Starr hält sie an den kindlichen, überwertigen Gefühlsbindungen (geliebte Schwester, geliebter Vater) fest. Sie vermag in Laurence und den eigenen Kindern nicht den vollwertigen Ersatz für ihre verlorenen Familienmitglieder zu erkennen.

Eine letzte gemeinsame große Reise führt Laurence und Peggy über Marseille nach Algier, daraufhin in die Wüste, nach Karthago und Tunis. Peggy ist glücklich über diese Reise, da sie ihre Sammlung fantastischer Ohrringe um etliche Stücke erweitern kann. Als das

Paar zurückkehrt und sein Leben in Pramousquier wieder aufnimmt, kommt es für Peggy zur wichtigsten schicksalhaften Begegnung ihres Lebens.

Emily Coleman, Schriftstellerin und Sekretärin, bringt den Stein ins Rollen, denn, obwohl verheiratet, ist sie in John, einen Engländer verliebt, den sie in Saint-Tropez getroffen hat und der seinerseits mit einer Frau, Dorothy, zusammenlebt, die alle für seine Ehefrau halten.

Schon Peggys erste Beschreibung des großen Mannes mit der ungeheuren Physis, den enorm breiten Schultern und schmalen Hüften, dem roten Bart und dem Aussehen eines Christus, der unwahrscheinlichen Beherrschung aller Muskeln, die ihn wie einen Gummimenschen erscheinen lassen, besonders, wenn er tanzt, verraten den Blick einer Verliebten. Neben einem Orden für seine Tapferkeit hat John Holms ein weiteres Relikt aus zwei Jahren deutscher Kriegsgefangenschaft mitgebracht – das Trinken. Bereits als sie sich kennenlernen, erkennt Peggy Johns ausgewachsenes Alkoholproblem, obwohl er nie betrunken wirkt. Erst das Trinken bringt ihn zum Sprechen. Er ist ein Meister der gebildeten Konversation, und jeder, der ihn trifft, muss von seinen profunden Kenntnissen in jedem nur denkbaren Gebiet überrascht und begeistert gewesen sein. Leider jedoch, so klagt Peggy, habe er nichts von dem Gesagten je niedergeschrieben. Nach außen wirkt John Holms völlig stoisch. Kein Mensch ahnt, vermutet sie, welche Leidenschaftlichkeit unter dieser Hülle der Gelassenheit schläft. Die Zeiten, da John Holms Literaturkritiker in London war, sind vorbei. Er schafft es nicht mehr, sich an den Schreibtisch zu setzen und das, was er mit Worten so leicht ausdrücken kann, niederzuschreiben.

Auch die Beziehung zwischen Dorothy und John ist kompliziert. Sie sind durch viele Stürme gegangen in den neun Jahren, die sie seit Kriegsende beisammen sind. John hat Dorothy einem anderen Mann weggenommen, hat gedroht, sich selbst zu erschießen, wenn Dorothy nicht bei ihm bliebe. Und Dorothy, selbst Schriftstellerin, schwankte lange und entschied sich dann für John. Die Beziehung zwischen den beiden ist mehr wie die zwischen Bruder und Schwester, beobachtet Peggy zufrieden. Und Dorothy, die Holms immer noch liebt, tut doch nichts anderes, als sich darüber zu beschweren, dass nie Geld da ist, dass John nicht schreibt, dass sie nicht in England leben, dass er sie nicht mehr begehrt und – dass er sie nie geheiratet hat. Dorothy ist neun Jahre älter als John, und dieser ist an die dreißig, also so alt wie Peggy. Das vielleicht Wichtigste: John und Dorothy haben keine Kinder. Darüber beklagt Dorothy sich auch, denn sie hat nicht mehr viel Zeit.

Es ist der 21. Juli 1928, der Jahrestag von Benitas Tod, an dem Peggy das seltsam-faszinierende Paar trifft, und schon die numerische Koinzidenz ist ein Omen für sie. In der Nacht küsst sie John auf einem

Turm. Peggy hat es tatsächlich auf John Holms abgesehen, und niemand darf sich ihr in den Weg stellen. Lange genug hat sie die Lehren der Surrealisten in sich aufgesogen: Sie weiß, dass es aufgrund der vielen Zeichen, der Vorhersagen und der Zahlensymbolik am Tag ihres Kennenlernens einfach so sein muss. Eines Nachts geht sie mit John schwimmen, und danach lieben sie sich. So einfach am Anfang.

Nach einer durch einen Sommerurlaub bedingten Trennung der beiden Paare erfährt Peggy, dass John und Dorothy zurück nach England ziehen wollen. Doch so schnell gibt sie nicht auf und lädt die beiden ins Gästehaus nach Pramousquier ein. Dorothy soll für ihr nächstes Buch eine ruhige Arbeitsatmosphäre haben, ist ihr Argument. Dorothy zweifelt, spürt die Gefahr, die von der wenn auch nicht im klassischen Sinne schönen Peggy für sie ausgeht. Dann willigt sie doch ein.

Und Peggy treibt die Dinge jetzt auf die Spitze. Sie kann mit Laurence nicht mehr weiterleben, das weiß sie genau, denn Laurence wird sich nicht ändern, sondern immer grässliche Szenen veranstalten. Nur ein Ausweg fällt ihr ein: Bei einem Streit, in dem Laurence ihr viermal hintereinander in den Magen tritt, während sie am Boden liegt, hat sie schon einmal von Trennung gesprochen. Mit dem Auftauchen der Holms nehmen die Wünsche Gestalt an. John verlangt von ihr, die eheliche Liebesbeziehung zu Laurence zu beenden. Das findet Peggy ziemlich hart, sie kann es ihm nicht versprechen, sie lebt ja noch mit Laurence zusammen. Viel einfacher wäre es doch, John nähme sie heute oder morgen mit sich fort und man begänne ein neues Leben. John schwankt. Insbesondere kann er Dorothy nicht aufgeben. Dann wieder überlegt er, welche Herausforderung es wäre, diese oberflächliche Person, die durch den Ehemann tief in ihrer Persönlichkeit verletzte Frau, diese durch und durch widersprüchliche, dabei kunstliebende und literaturbegeisterte Amerikanerin, in seine Schule zu nehmen und nach ernsthaften Grundsätzen neu zu erschaffen. Sie sieht die Problematik nicht, ist wie immer verliebt und trägt eine rosa Brille. Sie weiß, er trinkt, aber sie geht darüber hinweg. Sie weiß, er arbeitet nicht, aber auch das ignoriert sie – später sind genau dies die kritischen Punkte ihrer Beziehung.

Indem Peggy sich von Laurence bei einem Kuss mit John überraschen lässt, provoziert sie den vorhersehbaren Zweikampf der beiden Männer, den nur der Gärtner schlichten kann. Dorothy bricht zusammen, John und Dorothy verlassen das Grundstück, worauf Peggy ihre Flucht organisiert und sich mit den beiden in Avignon trifft.

Leben im intellektuellen Rausch

Die nun folgenden Wochen kann man sich verworrener kaum vorstellen, zumal sich immer mehr Personen gebeten oder ungebeten in die Affäre einmischen. Da sind die Beteiligten selbst, außerdem noch Peggys Anwalt, der zugleich auch der Anwalt von Laurence' Mutter ist, was ihn Peggys Anliegen nicht besonders loyal vertreten lässt. Das Sorgerecht für beide Kinder erhält Peggy nicht: Sindbad wird dem Vater zugesprochen, Pegeen der Mutter. In einer Sonderklausel wird vereinbart, dass Sindbad sechzig Tage im Jahr mit der Mutter verbringen kann. Der eingeschlagene Weg bietet kein Zurück mehr, und der rasch akzeptierte Verzicht auf die Erziehung des Sohnes ist für Peggy später Grund für sehr viel Leid. Da sie außerdem die eheliche Wohnung verlassen hat und ihr nachgewiesen werden kann, dass ein anderer Mann der Grund hierfür war, wird sie für schuldig am Scheitern der Ehe befunden. Ihre Rechtsposition ist dadurch erheblich geschwächt.

Im Januar findet im südfranzösischen Draguignan der Schlichtungstermin statt, die Voraussetzung für die Scheidung. Laurence macht sarkastische Bemerkungen, als sie darauf warten, in den Sitzungssaal eingelassen zu werden. Peggy wiederum bringt den Richter auf, indem sie sich nach jeder an sie gerichteten Frage bei Laurence erkundigt, was sie antworten soll. Dem Richter ist zudem suspekt, dass die Mutter ihr älteres Kind ohne Kampf dem Vater überlässt. Er vermutet ein Komplott, geheime Absprachen – die Atmosphäre ist so gespannt, dass Peggy in Tränen ausbricht. Noch ist die Scheidung keineswegs ausgesprochen, dies wird zwei Jahre dauern, in welchen sie getrennt leben müssen. Grollend gibt Peggy in ihren Erinnerungen preis, diese verfluchte Angelegenheit habe sie 10.000 Dollar für ihren Anwalt gekostet und 2.000 für den von Laurence. Sie hat den Eindruck, in den ersten zwei Jahren ihres Zusammenlebens mit John ausschließlich gereist zu sein. Die Erinnerungen an diese Zeit wirken vage – es müssen etwa zwanzig Länder gewesen sein, die sie damals gesehen hat …

Am Anfang weigert sie sich zuzuhören, wenn John doziert, der ihre Kenntnisse tief in der Nacht erweitern will, und ihr schon die Augen zufallen. Aber allmählich – zumindest nach den ersten beiden erregenden Jahren, als Reisen und Sex im Mittelpunkt stehen – wird das anders, und es gelingt ihr mehr und mehr seiner Ausführungen zu begreifen und zu behalten. Fünf Jahre wird diese Beziehung dauern, und viel später stellt Peggy fest, dass nahezu alle ihre Kenntnisse aus der Zeit mit John stammen. Insbesondere das Unbewusste ihrer Handlungen, die Unterdrückung ihrer Wünsche und Begierden führt John Peggy vor Augen. Er bringt ihr bei, ihre Träume zu deuten, unterzieht sie einer Analyse und vermittelt ihr, dass sie gleichzeitig gut und böse ist. Schließlich zeigt er ihr einen Weg, wie sie mit den schlechten Anteilen umgehen kann.

John Holms sei der Mann gewesen, den sie am meisten geliebt habe, betont Peggy in späteren Jahren immer wieder. John habe die Frauen nicht nur geliebt, er habe sie verstanden, er habe sie aus diesem Grund auch oft bemitleidet. Waren Gäste eingeladen, war es John, der lange überlegte, wer am besten zu wem passen könnte und welche Begegnungen besonders bereichernd verlaufen könnten. Es sei ihm immer gelungen, das Beste aus seinen Freunden herauszulocken, und waren es Schriftsteller, so war er ihr unersetzlicher Berater und Kritiker, förderte ihre Werke und machte die Angelegenheiten seiner Freunde zur eigenen Sache. Nie sei es vorgekommen, dass John auf irgendeine Frage, die sie gestellt habe, geantwortet habe: ›Ich weiß nicht.‹ John wusste immer alles. Im Grunde war er durch sein Wissen und seine Kenntnisse ein einsamer Mensch. John Holms litt darunter, dass er nicht schrieb, und er trank immer mehr. Dadurch erlahmte sein ohnedies schon angeschlagener Wille von Tag zu Tag.

1929 sieht Peggy Sindbad zum ersten Mal seit der Trennung wieder in Paris. Laurence erlaubt nicht, dass Peggy allein etwas mit dem Jungen unternimmt, der mittlerweile bei Laurence' Mutter untergekommen ist. Noch weiß Peggy nicht, dass Laurence eine

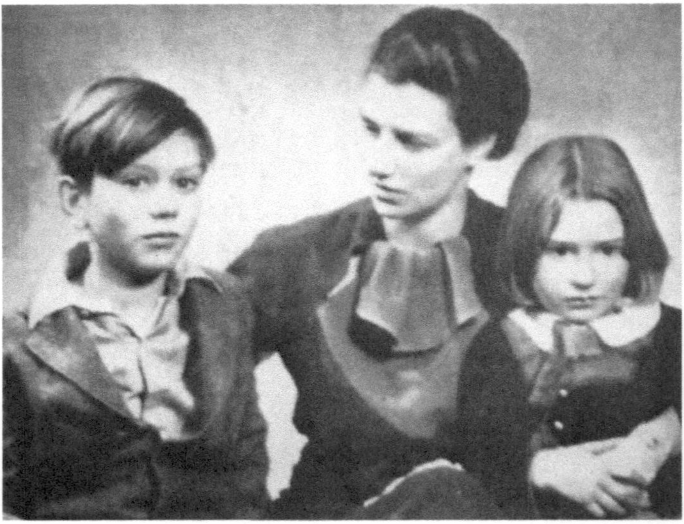

Peggy Guggenheim mit Sindbad und Pegeen, ca. 1930

andere Frau gefunden hat, die Schriftstellerin und Journalistin Kay Boyle, die eine Tochter namens Bobby mitbringt. Bald wird sie mit Laurence eine weitere Tochter, Apple, haben, der zwei weitere, Clover und Kathe, folgen.

John Holms ist Peggy bei allen Auseinandersetzungen mit Laurence bezüglich der Kinder ein lebenskluger Berater. Er hält sie davon ab, emotional zu reagieren, und überredet sie vielmehr, vernünftige Briefe an Laurence zu schreiben. Was tatsächlich hilft. Laurence beginnt, sich an die einmal getroffene Abmachung der sechzig Tage zu halten. Wenn Peggy verstehen will, warum John, der Dorothy aus Mitleid doch noch geheiratet hat, lieber mit ihr lebt, verfällt sie auf ein Erklärungsmodell, das wahrscheinlich besser ihrem Naturell als dem von Holms entspricht: Sie sei in allem das absolute Gegenteil von Dorothy. Für sie ist das Leben in erster Linie aufregend, für Dorothy ist es ernst. Sie macht nie viel Aufhebens um Dinge, Dorothy schon. Sie ist aufgrund ihrer Vitalität oft unverantwortlich in ihrem Handeln, Dorothy überlegt immer erst gut, bevor sie etwas tut. Sie ist leicht, Dorothy schwer, sie ist immer gesund, Dorothy immer krank. Dorothy zieht sich nicht gern schick an und hat dicke Beine, Peggy kleidet sich modebewusst und betont ihre schlanken Beine. Selbst die Guggenheim'sche Hunde-Kartoffelnase scheint John zu gefallen. Nur in einem Punkt sind sich Dorothy und sie ähnlich: Auch Dorothys Hinterkopf ist wie der von Peggy besonders schön geformt. Der Wesenszug Peggys, alles, selbst die Gefühle der Menschen zunächst im Hinblick auf ihren (pekuniären) Wert zu betrachten, überrascht angesichts ihrer oft beobachteten Großzügigkeit und der von ihr behaupteten, durch John Holms eingeleiteten Verinnerlichung.

Im Winter 1929 sucht Peggy mit John die Gesellschaft von Helen Fleischman, der sie einst den Liebhaber ausgespannt hatte. Helen ist inzwischen mit Giorgio, dem Sohn von James Joyce, verheiratet, und oft begegnen sich daher auch wieder die New Yorker Rebellin und der irische Schriftsteller. John Holms fühlt sich wohl, wenn er mit Joyce sprechen kann, aber anders als so viele andere verfällt er ihm nicht. Im folgenden Frühling, 1930, reisen Peggy und John wieder. Auf der Suche nach einem Platz für den Sommer stoßen sie bei Saint-Jean-de-Luz, dem Feriendomizil des jungen Joyce-Paares, auf ein herrliches Haus. Endlich darf Peggy ihren Sohn wiedersehen, wenn auch nur für kurze Zeit.

In diesem Sommer wird die Scheidung von Peggy und Laurence rechtskräftig. Im Herbst geht es zurück nach Paris. Sie mieten das Haus, das Georges Braque für sich gebaut hat, einen kleinen Wolkenkratzer mit fünf Stockwerken. Er steht in der Avenue Reille nahe der Porte d'Orléans. Die Nachbarn sind alle Künstler, so hat etwa der Maler Amédée Ozenfant nebenan seine private Akademie. Außerdem gibt es einen Garten, und der Blick aus dem obersten Stockwerk ist grandios. Pegeen ist nun fünf Jahre alt und wird von Maria Jolas, der Frau des bekannten Verlegers und Mittlers zwischen europäischem und amerikanischem Geist, Eugene Jolas, der die Zeitschrift *Transition* gegründet hat, in die zweisprachige Schule in Neuilly aufgenommen. Gegen Abend holen John und Peggy die Kleine, das morgendliche Hinbringen hat das von Pegeen geliebte Kindermädchen Doris übernommen. Wenn das Kind im Bett ist, sucht man wie zu Laurence' Zeiten die Cafés von Montparnasse und die Nachtclubs von Montmartre auf. Doch die Zwanzigerjahre sind vorbei und mit ihnen auch die elektrisierende Atmosphäre.

Den Sommer 1932 verbringen die beiden in England – John hat großes Heimweh nach seiner Heimat. Sie mieten ein Haus am Rand von Dartmoor, das beiden auf Anhieb zusagt. Bei diesem Aufenthalt ist Djuna Barnes als Gast im Haus, neben Peggys Kindern noch die Köchin, Doris und ein Hausmädchen. Die Gruppe reist in zwei Autos und nimmt das Nachtschiff von Le Havre nach Southampton. Hayford Hall heißt das Anwesen, ein Landhaus aus der viktorianischen Ära, ein grauer, einfacher, aber sehr weitläufiger Steinbau. Es gibt eine große Halle mit Kamin, um die sich die einzelnen Räume gruppieren. Die Halle besaß ein riesiges Fenster, wie in einer Kirche, berichtet Peggy.

Die Kinder logieren in einem eigenen Flügel. Zu den abendlichen, sogleich von Peggy ritualisierten Konversationen in der Halle sind sie normalerweise nicht zugelassen. Für Djuna wählt Peggy ein Schlafzimmer aus, das im Unterschied zu den übrigen einfachen Räumen eher Rokokocharakter hat – sie meint, das passe am besten zu Djunas elisabethanischem Schreibstil. In diesem Zimmer verfasst Djuna Barnes den größten Teil ihres Romans *Nightwood*. Zahlreiche andere Gäste sind mit von der Partie oder verbringen das Wochenende hier.

Die Abende in der Halle prägen nicht nur lange Gespräche, sondern auch Spiele, die vor allem von der redseligen Emily Coleman angeregt werden. Am beliebtesten ist das sogenannte Wahrheitsspiel – jeder Teilnehmer muss anonym einen Fragebogen zu einem der Mitspieler ausfüllen. Alle Bögen werden anschließend laut vorgelesen, in der Regel von Djuna Barnes. Das ist meist Ausgangspunkt für Auseinandersetzungen und Kränkungen: Emily Coleman, die das Spiel furchtbar ernst nimmt, wird am heftigsten beleidigt. Eines Nachts wird sie dabei erwischt, wie sie, nachdem alle zu Bett gegangen sind – den Papierkorb durchsucht, die zu kleinen Schnipseln zerrissenen Bögen wie ein Puzzle zusammensetzt und dabei murmelt: »Ich möchte wissen, wer mir eine Null für Sex-Appeal gegeben hat.« Auch Peggy bekommt ihr Fett ab. Djuna Barnes bezichtigt sie des Geizes, wie schon zehn Jahre zuvor, und fordert sie auf, ihr Geld für sinnvolle Zwecke auszugeben. Hier meint sie insbesondere die Förderung von jungen Künstlern. Peggy nennt Djuna daraufhin egoistisch, und Emily schimpft, sie sei oberflächlich. Obwohl dieses Spiel seine nervenaufreibenden Seiten hat und den Beteiligten nichts erspart wird, halten sie an ihrer Unterhaltung den Sommer über fest – es ist wie ein Zwang, der eine besondere Intensität verspricht und für die vier Beteiligten eine erotische Qualität hat, die sie zusammenschweißt.

Der Tod des Geliebten

Inzwischen schreiben wir das Jahr 1933. Immer wieder überrascht, dass Peggy nicht ein einziges Wort über die politische Situation dieser Tage verliert – aber auch das gehört zu den zeittypischen Erscheinungen unter den amerikanischen Intellektuellen in Europa. Peggy Guggenheim wünscht sich weiterhin ein Leben in der und für die Kunst, weil nur ein solches Leben die von ihr so gehasste und gefürchtete Langeweile bannen kann. Sie wünscht den intensiven Umgang mit interessanten Männern und Frauen, und hierfür gibt sie gern ihr Geld aus. Sie ist bereit, die unterschiedlichen exzentrischen und auch schlechten Angewohnheiten ihrer Freunde und Freundinnen lange zu ertragen und amüsant zu finden. Aber sie übt auch erbarmungslos Kritik, und manchmal etwas zu vorschnell. Noch hat sie keine Entscheidung treffen müssen, ob ihre Vorliebe mehr der Malerei oder der Literatur gilt. Beide Möglichkeiten des Ausdrucks sind für sie stark miteinander verwoben. In der Zeit, von der jetzt die Rede ist, überwiegt allerdings, anders als zuvor mit Laurence Vail, die Literatur, gleichsam das Malen mit Worten, denn Peggy hat über John Holms vorwiegend Umgang mit Menschen, die schreiben.

John Holms möchte Djuna Barnes dabei behilflich sein, ihren Roman *Ryder*, der 1928 bei Horace Liveright in New York erschienen war und dort für kurze Zeit als Bestseller galt, auch in England zu veröffentlichen. Er schreibt daher an seinen alten Freund und Verleger Douglas Garman. Leider erfolglos, denn die Buchproduktion ist im Vergleich zum Ende der Zwanzigerjahre stark zurückgegangen. Doch Douglas Garman lädt sich, anstatt Djuna Barnes zu fördern, bei John und Peggy in Paris ein. Es ist Ostern. Auf einmal ist es für Peggy, als sei John Holms gar kein richtiger Mann, sondern ein blutleerer Schemen, ein Geist, ein Christus. Zumindest gegen diesen Londoner Verleger. Sie verliebt sich in den lebendigeren Garman. Lakonisch kommentiert sie die Angelegenheit so: »Ich brauchte jemanden, der menschlich war, damit ich mich wieder als Frau fühlen konnte.«

John wird schon sehr bald eifersüchtig. Dabei ist gar nichts Besonderes passiert, außer dass Peggy nach einer Dinnerparty betrunken ins Bett gebracht werden muss und es Garman ist, der sich um sie sorgt und nach ihr schaut. Zu Johns Erleichterung reist Garman bald wieder nach England. Man sieht sich mehrere Monate lang nicht. Doch Peggy hat ein seltsames Vorgefühl. Sie glaubt, dass sie binnen Jahresfrist Garmans Geliebte sein wird.

Die Geschichte des Endes der Beziehung zwischen John und Peggy kann einen fast das Gruseln lehren. In einer merkwürdig kaltschnäuzigen Weise stellt Peggy die Dinge so dar, als sei sie indirekt schuld an John Holms' frühem Tod. Doch zunächst kommt noch ein weiterer Sommer in Hayford Hall. Als Peggy die Kinder Ende August in London ins Flugzeug setzt, damit sie noch einen Teil der Ferien mit Laurence verbringen können, trifft sie auf eigenen Wunsch Garman. Keineswegs hat sie ihn vergessen, und was sie will, muss sie haben. Danach kehrt sie nach Hayford Hall zurück. Wenig später ereilt John ein tragischer Unfall bei einem Ausritt. Er wird abgeworfen. Sein Handgelenk ist ausgerenkt. Sie rufen einen Arzt, der das Gelenk mehr schlecht als recht einrenkt. John hat entsetzliche Schmerzen, und Peggy lässt ihm Morphium geben. Am nächsten Tag wird im Krankenhaus eine Röntgenaufnahme gemacht, denn die Schmerzen halten unvermindert an. Man gipst das Gelenk ein, vertröstet ihn auf einen Termin sechs Wochen später, doch die Schmerzen vergehen nicht. Zurück in Paris, wird das Gelenk aufs Neue geröntgt, und es zeigt sich, dass es sich um einen Splitterbruch handelt. Ein Masseur soll das Muskelgewebe, das sich im Innern des Gelenks gebildet hat, durch die Massage zerstören. Aber auch diese Tortur ist nicht erfolgreich und wird abgebrochen. Eine Operation wird als das Mittel der Wahl empfohlen, ein Kinderspiel sei das, in drei Minuten erledigt, beruhigt man John.

Peggy bringt Sindbad nach den Weihnachtsferien zurück zu Laurence. Wieder einmal wird ihr bewusst, wie unnatürlich diese Trennung von ihrem Sohn ist. Sie macht John dafür verantwortlich und auf der Rückfahrt wünscht sie sich, John Holms nie mehr wiederzusehen, der ihr zudem in einem Eifersuchtsanfall Whiskey ins Gesicht geschüttet hatte.

In ihrer Vorstellung ist es dieser Wunsch, besser diese rachsüchtige Verwünschung, die John das Leben gekostet hat. Er holt sie vom Bahnhof ab und erklärt, am folgenden Morgen finde die Operation statt. Seine Freunde warten im Haus und raten ihm von dem Eingriff ab. Offenbar haben auch andere, John nahestehende Menschen ein schlechtes Vorgefühl. Der Freund Gerhardi, der gerade dabei ist, ein Buch über den Astralleib zu schreiben, sagt zu John, während der Narkose werde er seinen Körper verlassen. Worauf John erwidert haben soll: »Und was wäre, wenn ich nicht mehr zurückkäme?« Er tut ein Übriges, indem er ungeheure Mengen trinkt und am folgenden Morgen mit einem Kater aufwacht. Peggys Selbstanklage ist grausam, aber ehrlich. Sie schreibt: »Hätte ich nur irgendein Gefühl der Verantwortung gehabt, dann hätte ich nicht erlaubt, dass die Operation stattfindet. Ich kann mir nicht mehr vorstellen, warum es mir peinlich war, die Ärzte, die die Operation ja schon einmal verschoben hatten, weil John die Grippe hatte, zu bitten, dass sie noch einmal abgesagt werden müsse. Egal, ich habe zugelassen, dass die Ärzte kamen.«

Sie hält seine Hand, bis die Narkose wirkt. Dann

schicken die Ärzte sie aus dem Zimmer. Als immer mehr Zeit vergeht und sich niemand sehen lässt, wird Peggy nervös. Endlich erscheint einer der Ärzte, sucht etwas, eine kleine Tasche, die er in der Eingangshalle abgestellt hat. Er sagt nichts. Nach einer Zeit, in ihren Augen eine Ewigkeit, kommen die drei Ärzte zusammen die Treppe herunter, der Hausarzt, der Chirurg und der Anästhesist. Als sie den Raum betreten, weiß Peggy, was sie sagen werden – Johns Herz hat unter der Narkose versagt.

Die Operation sei gut verlaufen, behaupten sie, und daher seien sie auf die andere Seite des Zimmers gegangen. Plötzlich habe der Hausarzt bemerkt, dass der Herzschlag bei John aussetzte, und sie hätten versucht, ihn wiederzubeleben. Sie hätten ihm Adrenalin direkt ins Herz gespritzt und es erfolglos massiert. Peggy, die mit Selbstvorwürfen hadert, sagt ohne Umschweife: »Sie hatten ihn getötet, und sie wussten es.«

Dass die Schuld John und sie in gleichem Maß traf, weil sie den Ärzten gegenüber nichts von den Alkoholexzessen am Abend zuvor preisgegeben hatten, räumt sie nicht ein. Selbstverständlich ist Peggy klar, dass sie alles hätte verhindern können, dass ihr Schweigen die Katastrophe bewirkt hatte. Die Ärzte verlassen das Haus, sie geht in das Sterbezimmer und begreift, dass John in einer anderen Welt ist: »Ich wusste, dass ich nie mehr glücklich sein würde.«

Gleichzeitig hat ein anderes Gefühl sie ergriffen, als die Ärzte ihr Johns Tod mitteilen: Sie fühlt sich erleichtert. Es ist, als wäre sie einem Gefängnis entronnen. Als wäre sie über Jahre hinweg Johns Sklavin gewesen und nun plötzlich frei. Wie immer durchlebt Peggy die Ambiguität intensiv.

Zwei Monate lang wohnt Emily Coleman bei Peggy, schläft mit ihr im selben Zimmer und ermöglicht der Trauernden ein für sie notwendiges Ventil: permanentes Reden über den Verstorbenen, Trauerarbeit in Form von Redearbeit. Diese konnte sie weder nach dem Verlust des Vaters noch nach dem der Schwester leisten.

Peggy nimmt sich, als Johns Leiche vom Bestattungsunternehmer abgeholt wird, schnell noch seine Uhr sowie seinen Morgenrock. Neben dem klaren Denkvermögen beherrscht sie zeit ihres Lebens eine Neigung zum animistischen Fühlen – der Talisman spielt eine wichtige Rolle für sie. Etwas vom anderen zu besitzen, heißt sich den anderen einverleiben. Genau das ist es, was sie von nun an immer wieder beschäftigen wird: dass sie John ausgesogen hat, dass sie das Beste, was er zu geben wusste, genommen und ihn durch schlechte Wünsche getötet hat. Seine Kenntnisse leben in ihr weiter. So sieht sie es. Gleichzeitig fürchtet sie, ihre Seele zu verlieren. Sie schaut sich jeden Morgen im Spiegel an. Es heißt ja, man verliere sein Spiegelbild, wenn man seine Seele verliert. Und ihre Mundwinkel sinken jeden Tag tiefer hinab. Das sind die Zeichen.

Nun muss noch die Autopsie durchgeführt werden, die zutage fördert, was Peggy eigentlich schon wusste – der Alkohol hatte Johns innere Organe stark in Mitleidenschaft gezogen.

Peggy geht nicht zu der Totenfeier. Sie schließt diese Phase des Lebens in einer für sie typischen, praktischen Weise ab: Dorothy erhält von ihr alles, was John an Geld und Büchern hinterlassen hat, sowie eine lebenslange Zuwendung von 160 Pfund pro Jahr. Den Haushalt im Miniwolkenkratzer löst sie auf. Wie so oft wandern ihre mittlerweile von zahlreichen Geschichten geprägten Möbel in ein Lager. Auf unbestimmte Zeit. Die kleine Pegeen wird lange im Unklaren über Johns Verbleib gelassen. Als die Mutter schließlich lapidar verkündet: »Er kommt niemals zurück. Er ist im Himmel bei den Engeln«, verweigert sie zeitweilig den Schulbesuch.

Das Leben wird einsam für Peggy. So still war es noch nie um sie gewesen, fast den ganzen Tag ist sie allein, seitdem Pegeen wieder in die Schule geht und die wenigen Freunde nur am Abend kommen. Douglas Garman kommt ihr in den Sinn und wird zur fixen Idee. Ein Wiedersehen mit ihm soll sie aus den Grübeleien retten. Sie arrangiert ein Abendessen und er nimmt sie anschließend mit zu sich: Sie spielt ihm alles vor, das ihr in Wahrheit gerade fehlt, tapferes Zupacken, Akzeptieren des Schicksals, Zukunftszugewandtheit. Douglas verliebt sich ernsthaft, schreibt Peggy in ihren Memoiren, doch sie selbst bleibt trotz seiner Liebesgedichte untröstlich. Dennoch werden die

Wohnverhältnisse der geheim verbundenen Liebenden angenähert. Schließlich erwirbt Peggy ein kleines Cottage im elisabethanischen Stil, Yew Tree Cottage, in der Nähe von Garmans Mutter, die er oft besucht, und lässt es auf seinen Namen eintragen, da sie sich mit Selbstmordgedanken trägt und dann wenigstens das Haus in sicheren Händen wissen will. Erst nach Monaten zieht Garman in das Haus ein.

Peggy redet ihm sogleich seinen Verlegerberuf aus, führt seine schwache Gesundheit ins Feld, er baut sich daraufhin ein kleines Gartenhaus zum eigenen Schreiben. Als Erstes liest er *Das Kapital* von Karl Marx, während Peggy heimlich die Manuskripte von John Holms abtippt und Proust liest. Diese Lektüren kennzeichnen die Kluft, die sich in der Beziehung zwischen ihnen auftun wird, und effektvoller oder kürzer hätte Peggy kaum zum Ausdruck bringen können, dass die soeben zusammengeworfenen Betttücher schon wieder auseinandergerissen werden. Garman versucht, Peggys Interesse für Marx und das Schicksal der Arbeiterklasse zu wecken, doch diese vergräbt sich in der Vergangenheit und ertränkt ihre düsteren Gedanken in Alkohol, als sei der Geist John Holms' über sie gekommen. Garman beschimpft Peggy immer als »Trotzkistin«, das schlimmste Schimpfwort, das er kennt, wenn er sich in seinem fanatischen Kommunismus verrennt oder über sie ärgert.

Die Beziehung, die durch die Trauer um John von vornherein beeinträchtigt ist, mündet nach drei Jahren in einen langwierigen Trennungsprozess von über sechs Monaten Dauer.

Danach vertraut Peggy in einer schwachen Stunde der Freundin Emily Coleman diesen Satz an: »Ich denke, mein Leben ist vorbei.« Sie ist 39 Jahre alt. Und Emily hat die Delikatesse zu antworten: »Wenn du es so empfindest, dann ist es vielleicht so.«

Erste Schritte zur Galeristin

Die Freundin Peggy Waldman rät ihr, etwas Sinnvolles für Schriftsteller oder bildende Künstler zu tun, eine Buchagentur, einen Verlag oder eine Kunstgalerie zu gründen, und Peggy denkt darüber nach. Die Idee mit dem Verlag oder der Agentur verwirft sie sehr schnell: Ein solches Unternehmen braucht zu viel Kapital. Sie will es auch nicht mit jemandem teilen, möchte etwas ganz Eigenes aufziehen – also … die Kunstgalerie? Noch schwankt sie zwischen Literatur und bildender Kunst.

Wie viel Geld eine Kunstgalerie verschlingen kann, ist ihr zum Glück nicht klar. In der Londoner Cork Street Nr. 30 gründet Peggy ihre Galerie *Guggenheim Jeune*, so getauft von der patenten Sekretärin Wyn Henderson.

Zwar kennt Peggy Guggenheim die Werke der Renaissance und die Kriterien zur Beurteilung von klassischen Kunstwerken. Von moderner Kunst versteht sie im Grunde jedoch wenig bis nichts, wenngleich sie mittlerweile einige moderne Künstler kennengelernt hat.

Marcel Duchamp wird Peggys Mentor in Sachen moderne Kunst, erklärt ihr den Unterschied zwischen

Surrealismus und Abstraktion und nennt ihr eine ganze Liste bedeutender zeitgenössischer Künstler, mit denen er sie auch bekannt macht. Da man Duchamp überall schätzt, wird auch Frau Guggenheim empfangen – die erste Voraussetzung für eine erfolgreiche Tätigkeit als Galeristin. Peggy hat instinktiv den richtigen Berater gewählt. Für Duchamp wiederum ist Peggy Guggenheim ein interessanter bunter Hund, eine attraktive Frau mit Geld, die guten, noch unbekannten Freunden zu einer Karriere verhelfen könnte. Das reizt ihn.

Duchamp bringt sie mit dem bereits recht kranken Jean Cocteau zusammen, der Opium rauchend auf seinem Bett liegt, und man kommt überein, dass man ihm die Eröffnungsausstellung in *Guggenheim Jeune* widmen will, obwohl sein Werk weder dem Surrealismus noch der Abstraktion zuzurechnen ist.

Auf der anderen Seite des Atlantischen Ozeans bei Onkel Solomon, genannt Sol, entwickeln sich die Ereignisse in merkwürdiger Weise spiegelbildlich. Abgesehen von Peggys Vater ist er der bei Weitem kunstsinnigste der Guggenheim-Brüder. Von seiner Frau Irene wurde er immer wieder angehalten, alte Meister zu kaufen. Seine Sammlung, speziell von Watteau, ist umfangreich.

So verhielten sich die Dinge zumindest bis in das Jahr 1927. In dieser Zeit begann Solomon sich inmitten seiner alten Meister immer mehr zu langweilen. 1927 jedoch steuert eine damals 36 Jahre alte, höchst energische deutsche Dame, Hilla Baronesse Rebay von Ehrenwiesen, mit breitem Lächeln und großem Hut auf ihn zu. Sie hat ein Empfehlungsschreiben und soll Solomons Porträt malen. Aber schon bald sieht sie ihre Aufgabe darin, ihn davon zu überzeugen, dass das Sammeln von alten Meistern seiner überragenden Statur als Pionier des Big Business unwürdig sei, dass ein weitsichtiger Mann wie er viel mehr davon profitieren könnte, wenn er sich um moderne, sogenannte *non-objective* Kunst kümmere. Und siehe da – bald pulsiert Sols langweiliges Leben, Hilla wird immer wichtiger für ihn, er schenkt ihr eine Wohnung, kauft sich und ihr Bilder. Gemeinsam besuchen sie Kandinsky in Dresden, den er zu seinem ersten neuen Gott erklärt.

Im Laufe von zehn Jahren entsteht Erstaunliches – angeleitet von »Hillachen«, wie Sol sie in seinen hunderten Briefen anspricht. Sol kauft zum Teil gerühmte, zum Teil belächelte Werke der modernen Kunst. Bis zum Ausbruch des Zweiten Weltkrieges wird er fünfzig Kandinskys, fünfzehn Gleizes, sechs Légers, fünf Moholy-Nagys, drei Chagalls, vier Delaunays, zwei Feiningers erwerben, darüber hinaus alles, was je dem Pinsel des von Hilla favorisierten Rudolf Bauer entsprang – und dies ist die eher belächelte Seite. Hillas einstige Liebe war ein mittelmäßiger Maler, seine Arbeiten vielleicht noch bedenklicher als Hillas Werke selbst: Immerhin war sie eine ausgebildete Malerin.

Im Jahr 1937 – also zeitgleich mit Peggys Galerie-

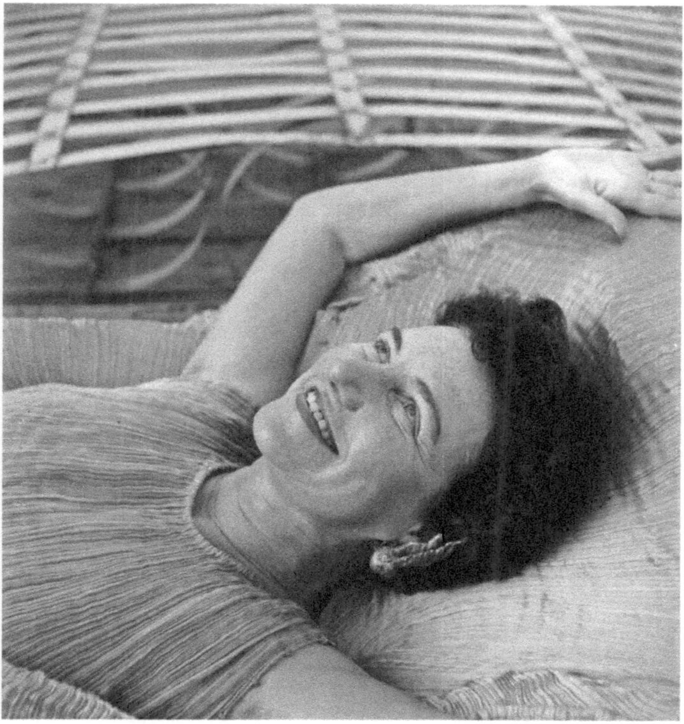

Peggy Guggenheim, fotografiert von Ida Kar

gründung – entsteht die *Solomon R. Guggenheim Foundation*, eine Stiftung »zur Verbreitung und Förderung der Kunst und Kunsterziehung«, wie es in den Statuten heißt, und in der East 54th Street Nr. 24 wird am 1. Juni 1939 die *Solomon R. Guggenheim Collection of Non-Objective Painting* eröffnet. Die verantwortliche Kuratorin ist Hilla.

Doch zurück in das Jahr 1937 in die Räume von *Guggenheim Jeune* in London. Peggy Guggenheim sucht während einer Parisreise den elsässischen Künstler Hans Arp in Meudon auf und kauft als erstes Stück ihrer später berühmten Sammlung für 300 Dollar die kleine Statue von 1933 mit dem Titel *Kopf und Muschel*, ein zweiteiliges, biomorph anmutendes Werk und gleichzeitig die erste frei stehende Skulptur, die Arp überhaupt schuf. Sie schreibt: »In dem Augenblick, da ich sie berührte, wollte ich sie besitzen.«

Samuel Beckett

Peggy Guggenheim empfindet die gleiche erotische Faszination für ein Kunstwerk wie für einen Mann oder die Schönheit einer Frau. Sie sieht, sie berührt – und möchte besitzen. Wenn sie einen Menschen erst besitzt, wird es schwierig, denn ein Mensch allein genügt ihr nicht. Vielleicht ist es weniger schwierig, wenn sie Kunstwerke besitzt?

Ihr neues Leben in der Kunstszene geht mit einem stürmischen Liebesleben einher – sie ergreift jede Tröstung, die ihren Weg kreuzt, insbesondere nach dem Tod ihrer Mutter Florette im November 1937 in New York.

Wenig später tritt jene »seltsame Kreatur«, als die sie ihn bezeichnet, in ihr Leben: der damals noch wenig bekannte irische Dichter Samuel Beckett. Es ist der Tag nach Weihnachten 1937. Er ist riesengroß, hager, ungefähr dreißig – in der Tat kann man bei Beckett immer nur sagen, er sei »ungefähr« so und so alt gewesen, denn bis heute ist sein genaues Geburtsdatum strittig, es wird auf den 13. April oder den 13. Mai 1906 angesetzt. Peggy Guggenheims Alter lässt sich hingegen für den damaligen Zeitpunkt genau angeben: neununddreißigeinhalb.

Samuel Beckett war ein Mann, dessen Beziehungen zu Frauen, mit Ausnahme einer Affäre mit einer Studienkollegin, von größter Passivität gezeichnet waren. Nach dem Bruch mit James Joyce, den er lange bewundert hatte, versuchte er zunächst in Dublin die Laufbahn eines Hochschullehrers einzuschlagen, veröffentlichte stattdessen jedoch 1934 den Erzählungsband *More Pricks than Kicks*. 1934–1937 schreibt Beckett, der sich inzwischen einer Psychoanalyse unterzogen hat, an dem Roman *Murphy* – diese Arbeit ist ein wahrer Kampf für ihn. Nach außen ruhig und überlegen, ist er in Wahrheit ein von Traurigkeit, Langeweile und Frustration geplagter Mensch, leidet chronisch unter Geldmangel, Schreibblockaden und psychosomatischen Krankheiten. Auch neigt er wie die meisten Partner Peggys zum exzessiven Trinken. Im Herbst des Jahres 1937 verlässt Beckett Irland und kommt in Paris an. Am 9. Dezember erfährt er, dass sein Roman *Murphy* endlich vom Routledge-Verlag angenommen wurde. Dem verantwortlichen Lektor, Herbert Read, gefällt das Buch außerordentlich gut – gerade dieser Literatur- und Kunstkenner wird noch eine besondere Rolle in Peggys Leben spielen.

Das Erfolgserlebnis beflügelt Beckett derart, dass er (was er noch vor wenigen Wochen niemals gewagt hätte) bei James Joyce anruft und sich mit ihm verabredet. Joyce lädt ihn zwar distanziert, doch freundlich ein, er möge vorbeikommen, Beckett könne ihm einen kleinen Dienst erweisen.

Obwohl er auf keinen Fall wieder in die frühere Funktion eines Zuträgers für Joyce zurückfallen möchte, geht er auf das Ansinnen des Meisters ein, gemeinsam mit Giorgio Joyce die Fahnenkorrekturen von Teil eins und drei des sogenannten *Work in Progress* zu lesen. Dafür lässt er sich von Joyce zum Weihnachtsfest einladen.

Und auch nach Weihnachten 1937 nimmt er das Dinner mit den Joyces ein. Ihm gegenüber sitzt Peggy Guggenheim, die in London über Herbert Read, mit dem sie über das Thema moderne Kunst in Kontakt getreten ist, von dessen überwältigtem Eindruck nach der Lektüre von *Murphy* erfahren hat. Dieser Beckett ist womöglich ein Genie, mag sie gedacht und den Namen behalten haben. Beckett versucht, sich ihrem fixierenden Blick zu entziehen, und kümmert sich an diesem Abend mehr als geplant um Joyce. Peggy beschreibt Samuel Beckett so: »Er trug eine Brille und schien immer weit weg zu sein, als ob er irgendein intellektuelles Problem löste; er sprach sehr selten, und niemals sagte er etwas Dummes. Er war übertrieben höflich, aber ziemlich ungeschickt. Er war schlecht angezogen, trug zu enge französische Sachen und war überhaupt nicht eitel, was sein Äußeres betraf. Er akzeptierte das Leben mit Fatalismus, niemals schien er zu denken, dass er irgendetwas ändern könnte. Er war ein frustrierter Schriftsteller, ein reiner Intellektueller.«

Das nächste Treffen der beiden findet im Haus von Helen Joyce statt. Hier geschieht das völlig

Unerwartete, gleichwohl von Peggy Ersehnte: Beckett fragt, ob er sie nach Hause begleiten darf. »Bald fanden wir uns im Bett wieder, wo wir bis zur Abendbrotzeit am nächsten Tag blieben. Vielleicht wären wir noch heute dort, aber ich musste mit Arp zum Abendessen ausgehen, und er hatte unglücklicherweise kein Telefon. Ich weiß nicht warum, aber ich erwähnte Champagner, und Beckett lief hinaus und kaufte etliche Flaschen, die wir im Bett tranken. Als er ging, sagte er sehr einfach und fatalistisch, als würden wir uns niemals wieder treffen: ›Danke. Es war schön, solange es dauerte.‹«

Peggys Leidenschaft, bestimmte Dinge für schicksalsbedingt, von Vorzeichen bestimmt, hinzunehmen, ist schon beschrieben worden, auch, dass diese Mentalität ganz im Einklang mit der surrealistischen Theorie zu sehen ist, und daher hält sich das Staunen in Grenzen, wenn man erfährt, dass unmittelbar vor Neujahr 1938 Beckett und Peggy auf einer Verkehrsinsel auf dem Boulevard du Montparnasse zufällig zusammentreffen.

Man fühlt sich unwillkürlich an das hervorragendste Beispiel der surrealistischen Literatur erinnert, an André Bretons Roman *Nadja* von 1928, in dem der Protagonist seiner Geliebten immer auf diese Weise begegnet – unvermutet, ohne Verabredung –, es muss so sein, und nur deshalb ist es Liebe, die neue Art der Liebe, die Begegnung der kometengleich aufeinander zurasenden Liebenden der Avantgarde. Man darf ebenfalls vermuten, dass Peggy den Roman bestens kannte und begeistert war über die Ähnlichkeit zwischen ihrem eigenen Leben und der modernen Literatur. Das Paar steuert schnurstracks Mary Reynolds Haus an, wo Peggy mittlerweile wohnt. Sie bleiben dort zwölf Tage lang. Peggy resümiert: »Es war uns bestimmt, nur für diese kurze Zeit glücklich zu sein. Von den ganzen dreizehn Monaten, in denen ich in ihn verliebt war, erinnere ich mich an diese Zeit mit großer Bewegung. Zunächst einmal war er auch in mich verliebt, und beide waren wir intellektuell erregt. Seit Johns Tod hatte ich nicht mehr meine eigene oder besser seine Sprache gesprochen. Und jetzt war ich auf einmal wieder frei und konnte sagen, was ich dachte und fühlte.«

Peggy steckt mitten in den Vorbereitungen zu ihrer ersten Londoner Ausstellung, die am 24. Januar die Tore öffnen soll. In Paris ist sie überhaupt nur, um mit Cocteau alle Details zu klären. Aber Beckett möchte sie ungern von seiner Seite lassen. Es ist ein kurzer Traum – schon am zehnten Tag wird Beckett Peggy untreu. Eine Freundin aus Dublin ist gekommen, und Beckett in seiner grenzenlosen Passivität kann nicht Nein sagen. Er misst der Angelegenheit überhaupt keine Bedeutung bei, sagt zu Peggy, dass er nicht in die Frau verliebt sei, doch Peggy ist gekränkt, wütend und schreit, dass sie mit ihm zu Ende sei. Am Abend darauf ruft Beckett erneut an, aber Peggy weigert sich, mit ihm zu sprechen.

In dieser Nacht ereignet sich einer der merkwürdigen Vorfälle, die Peggys Leben säumen. Sie ist davon überzeugt, schlechte Gedanken, die sie für eine bis vor Kurzem noch geliebte Person hegt, hätten eine sofortige katastrophale Auswirkung: In den frühen Morgenstunden des 7. Januar 1938 kehrt Beckett mit Freunden nach Hause zurück. In der Avenue d'Orléans werden sie von einem Mann angehalten. Beckett erkennt ihn als einen in diesem Viertel ansässigen Zuhälter. Der Zuhälter bittet ihn um Geld. Beckett behauptet, er habe keines bei sich. Der Mann wird handgreiflich. Beckett schleudert ihn beiseite, der Mann zieht sein Klappmesser und stößt es Beckett in die Brust.

Nur sein dicker Wintermantel rettet ihn vor dem Tod. Das Rippenfell an der rechten Brustseite ist getroffen, Beckett blutet heftig. Der Täter entkommt. Ein Krankenwagen wird gerufen. Erst der Hotelbesitzer des *Liberia*, wo Beckett sein Zimmer hat, berichtet Peggy von dem Anschlag. Sie glaubt wieder einmal, dass sie verrückt wird, und fragt sich sogleich: Muss sich denn alles immer und immer wiederholen? Sie macht sich Vorwürfe, denn die betreffende Nacht hätte anders verlaufen können, wenn sie sich nicht geweigert hätte, mit Beckett zu telefonieren. Erst nach einer hektischen, aber erfolglosen Tour durch die Pariser Krankenhäuser erfährt sie von Nora Joyce, wo Beckett behandelt wird. Peggy verabschiedet sich persönlich im Krankenhaus, leider kann sie ihre Abreise wegen der Ausstellung nicht verschieben. Sie will so bald wie möglich wiederkommen.

Inzwischen führt sie in London ein hektisches Leben. Marcel Duchamp bietet sich an, die Ausstellung zu hängen. Es handelt sich um dreißig Zeichnungen, die Cocteau für sein Stück *Les chevaliers de la table ronde* geschaffen hat, außerdem dafür entworfene Möbeldekorationen und Silberplatten sowie um zwei Leinenbetttücher mit Zeichnungen im gleichen Stil, speziell für die Ausstellung angefertigt. Die beiden Tücher, auf denen alle Personen nackt und mit starkem Schamhaarbewuchs dargestellt sind, verursachen Aufsehen. Der britische Zoll will für die unzüchtigen Werke keine Einfuhrgenehmigung erteilen, doch da Peggy angibt, die Tücher ausschließlich im privaten Kreis zu zeigen, kann sie die Freigabe erreichen. Zur Erinnerung an diesen großen Spaß entschließt sie sich, das Tuch mit dem Titel *La peur donnant ailes au courage* zu kaufen, das den nackten Schauspieler Jean Marais und zwei weitere Personen zeigt. Für sich – denn noch denkt sie nicht an eine eigene Sammlung. Sie möchte mit Kunst handeln, denn sie geht gern mit Geld um, und Handeln macht ihr Spaß. Es geschieht quasi wie von selbst: Da Peggy eine geborene Sammlerin ist, kommt es in ihrem Fall auf den eigentlichen Entschluss gar nicht an.

Ab jetzt kauft sie in jeder Ausstellung von *Guggenheim Jeune* ein Werk, und sei es auch nur, um den Künstler der jeweiligen Ausstellung nicht zu desillusionieren. Sie begreift schnell, dass es gar nicht so einfach ist, moderne Kunstwerke zu verkaufen. Die Cocteau-Ausstellung wird ein großer Erfolg. Aber es ist die Ankunft eines Glückwunschtelegramms, die die größte Freude hervorruft. Die Unterschrift: Oblomov.

So hat er an sie gedacht, der lange Ire, den sie mit diesem Namen bedacht hat, weil er sie so an den Helden von Gontscharow erinnert, der den ganzen Tag auf dem Diwan liegt und zu nichts, auch nicht der kleinsten Handlung, dem kleinsten Entschluss in der Lage ist. Der Held der Passivität schlechthin, das Gegenteil von allem, was die tatkräftige Peggy auszeichnet. Beckett erholt sich nach dem Krankenhausaufenthalt im Hotel. Die Beziehung findet ihre Fortsetzung, doch dummerweise kann Peggy ihre unselige Passion für Szenen, die alles auf den Punkt bringen und mit der Eifersucht arbeiten, nicht lassen: Sie provoziert Becketts Eifersucht durch ein Abenteuer mit seinem Freund Brian.

Eine zweite Ausstellung von *Guggenheim Jeune* ist dem Werk Kandinskys zwischen 1910 und 1937 gewidmet, der in London bei ihr keinen Erfolg hatte, weil die Baronin Rebay in New York begonnen hatte, die Kandinsky-Werke Solomon Guggenheims zu Schleuderpreisen zu verkaufen, ein Affront für die junge Galeristin. Dem vorausgegangen war Peggys Wunsch, Onkel Sol möge ein Werk Kandinskys von ihr erwerben. Doch die Baronin hatte Peggy in Vertretung Sols (auch dies schon eine Beleidigung für sie) einen wahrhaft niederschmetternden Brief geschrieben, der so begann:

»Liebe Mrs. Guggenheim ›Jeune‹,

Ihre Anfrage, uns einen Kandinsky zu verkaufen, wurde mir zur Beantwortung übergeben.

Zunächst kaufen wir niemals von einem Kunsthändler, solange uns große Künstler ihre Arbeiten selbst verkaufen, und zweitens wäre Ihre Galerie die letzte, die unsere Stiftung in Anspruch nähme, wenn jemals die Notwendigkeit, ein historisch bedeutendes Bild zu bekommen, uns zwingen sollte, die Dienste einer Kunstgalerie zu verwenden … Aufgrund der Weitsicht eines wichtigen Mannes, der seit vielen Jahren sammelt und die wahre Kunst fördert, durch meine Arbeit und Erfahrung, wurde der Name Guggenheim bekannt für große Kunst, und es zeugt in der Tat von sehr schlechtem Geschmack, ihn, unsere Arbeit und unseren guten Ruf zu benutzen, um ihn auf den Profit herabzuziehen.«

Peggy zitiert diesen Angriff auf ihr Unternehmen in ihrer Autobiografie. Ihr mangelnden Instinkt für »große Kunst« vorzuwerfen, war absurd, und die Presse verschaffte ihrer Galerie viel Aufmerksamkeit. Manchmal wächst sich eine kleine Party in den Ausstellungsräumen zur Saalschlacht aus. Dann wieder sind es die Kunstwerke selbst, die Aufsehen erregen, so die international konzipierte Ausstellung zeitgenössischer Skulpturen von Constantin Brancusi, Antoine Pevsner, Henri Laurens, Hans Arp, Sophie Taeuber-Arp, Alexander Calder, Henry Moore und anderen. Inzwischen dauert die von beiden Seiten immer verletzender geführte Beziehung zwischen Peggy und Beckett an. Ihre nächste Ausstellung ist Yves Tanguy gewidmet, die Eröffnung ist am 5. Juli 1938. Peggy ist begeistert und kauft *Toilette de l'air*. Die Ausstellung wird tatsächlich ein finanzieller Erfolg, mit dem sich Tanguys Leben schlagartig ändert.

Die Abreise der Tanguys bereitet Peggy Kummer, denn natürlich ist Tanguy mit Leib und Seele Teil ihrer Sammlung geworden, und er hat – so sieht es zumindest aus – Beckett so gut wie vertrieben. Schon sinnt sie darüber nach, wie sie ihren Wunsch nach einem Wiedersehen mit Tanguy befriedigen kann. Geplant ist eine Art Entführung – mit Einverständnis des Opfers. Madame Tanguy darf natürlich nichts merken … Tanguy hat kein Gepäck bei sich, Peggy nur eine kleine Tasche – und schon sitzen sie im Zug nach Rouen, am nächsten Tag reisen sie nach Dieppe, von dort aus nach England. Ziel: Yew Tree Cottage. Doch schon nach Kurzem zieht es den Künstler zurück nach Paris. Und plötzlich, unvermutet diesmal, taucht der auf, um dessentwillen Peggy – so sagt sie – all die kleinen und größeren Affären des letzten halben Jahres angezettelt hat. Beckett ist auf der Durchreise nach Dublin.

Aber Peggys Geduld mit ihm ist erschöpft, sie fährt nach Paris zu Tanguy. Selbst er, die Sanftmut in Person, wird dort gegen seinen Willen in eine wilde spontan entstandene Saalschlacht, wie sie damals immer wieder als reine Provokationen vom Zaun gebrochen werden, verwickelt und ist 48 Stunden lang unauffindbar: Bei dieser Aktion verliert ein gänzlich Unbeteiligter, der Künstler Victor Brauner, durch den Splitter einer zersprungenen Flasche ein Auge. Nachdem Madame Tanguy anschließend Peggy im Restaurant mit Fleischstückchen beschießt, sieht diese ihren Honeymoon mit Tanguy als beendet an.

Wenig später ist sie erneut in London und zum ersten Mal von einem politischen Ereignis tatsächlich tief betroffen. Wie vielen anderen erscheint auch ihr ein großer Krieg bereits im Jahre 1938 unausweichlich und Chamberlains Politik des Appeasement, die es Hitler ermöglicht, ohne Gegenreaktionen ins Sudetenland einzumarschieren, unverständlich.

Dennoch arbeitet sie weiter für *Guggenheim Jeune*: Ihre nächste Ausstellungsidee sind Kinderbilder. Sie bittet in den verschiedensten Schulen um gute Schülerarbeiten, so in Wimbledon, wo Pegeen ausgezeichneten Kunstunterricht erhält, ebenso in der Pariser Schule von Maria Jolas. Einige Bilder des Enkelkinds von Sigmund Freud, Lucian, finden in letzter Minute Platz in der Ausstellung – noch weiß niemand, wie bedeutend Lucian Freud als Maler werden sollte. Auch Laurence Vails Töchter senden Arbeiten ein. Peggy erzielt mit dieser für die damalige Zeit höchst ungewöhnlichen Ausstellung hervorragende Verkaufsergebnisse.

Ende des Jahres 1938 zeigt sie in einer Ausstellung Collagen, zum großen Teil von Hans Arp, aber auch von Sir Roland Penrose, einem malenden Galeristen und Peggys neuestem Liebhaber, daneben von André Breton, Max Ernst, Pablo Picasso, Georges Braque, André Masson und Juan Gris. Im Winter 1938/39 begegnet die frischgebackene Adeptin der modernen Kunst auch Max Ernst. Der Maler ist ihr selbstverständlich als Protagonist des Surrealismus ein Begriff, und sein Ruf als Frauenheld tut ein Übriges, Peggys Interesse zu wecken. Ernst hat gerade in der Nachbargalerie, bei Penrose und Mesens (mit dem sie ebenfalls kurz liiert ist), eine Ausstellung.

Erst im Januar 1939 gelingt es ihr, die unglückliche Liebe zu Beckett ganz zu überwinden, während sie die Beziehung mit Tanguy in Paris unter den erschwerten Bedingungen der Verfolgung durch die Ehefrau fortsetzt. Eine Umbruchsphase im Leben ist da: Peggy sieht widerwillig ein, dass die Galerie nach zwei Jahren Betrieb immer noch keine schwarzen Zahlen schreibt, und das, obwohl sie immer viel verkauft. Warum also nicht etwas anderes angehen, etwas, das sie schon lange vorhat und sich bisher nur nicht zutraute?

Im Grunde möchte sie ein Museum moderner Kunst gründen. Genau wie – auf der anderen Seite des Ozeans – Onkel Sol. Bisher hat ihr nur der richtige Mann gefehlt, der das Know-how für ein solches Unternehmen mitbringt. Im Frühling 1939 findet sie ihn. Sie hat »Papa«, wie sie ihn manchmal liebevoll nennt, in ihrem alten Bekannten Herbert Read gefunden. Noch ist er Herausgeber des *Burlington*

Magazine, aber Peggys Angebot ist so verlockend, dass er diesen Posten prophylaktisch aufgibt. Schon im Herbst 1939 soll das Museum seine Tore öffnen. Peggy beginnt zu sparen: Kleineres Auto, keine neuen Kleider …

Onkel Sol einzubinden und Leihgaben von ihm zu erbitten, würde an der Bastion »Hillachen« scheitern, das weiß Peggy genau, und sie verzichtet von vornherein auf diese Möglichkeit. Doch ist jetzt »Papa« an ihrer Seite, und der hat einfach eine Liste mit den Werken aufgestellt, die er gerne in dem neuen Museum zeigen würde – von 1910 aufwärts. Da »Papa« so gut vernetzt ist, erhält er sofort viele Zusagen für Peggys Projekt. Auch die Presse schreibt begeistert darüber. Von besagter Liste hat sich Peggy übrigens ihr Leben lang nicht mehr getrennt. Sie hat sie verschiedentlich mit Freunden überarbeitet, insbesondere mit Duchamp und Nelly van Doesburg, der Witwe des früh verstorbenen Künstlers Theo van Doesburg, der gemeinsam mit Mondrian das wegweisende Magazin *De Stijl* gegründet hatte. Mit Werken dieser Liste wird sie ihre künftige Sammlung bestücken.

Inzwischen fühlt sie sich durch die aufreibenden Ereignisse des Jahres urlaubsreif und nimmt die Einladung Nelly van Doesburgs nach Südfrankreich an. Der Abschied von ihrem geliebten Yew Tree Cottage im August 1939 ist einer für immer. Die allgemeine Mobilmachung wird verfügt. Wie im Jahr zuvor ordnet Peggy an, dass die Bilder aus der Galerie verschwinden und nach Yew Tree Cottage gebracht werden sollen. Laurence rät ihr, sich nicht zu weit von den Kindern zu entfernen, denn Reisen werde gewiss bald unmöglich sein. So muss sie schweren Herzens von der Idee des Museums in London Abschied nehmen. Nach einem Aufenthalt im Süden geht es für sie wieder nach Paris. Tanguy, der ewig Verliebte, ist bereits auf dem Weg nach Amerika. Ein Werk des Künstlers erwirbt Peggy gegen die Zusicherung an Madame Tanguy, das Paar mit monatlichen Zuwendungen zu unterstützen. Peggy hat den Kopf voll mit eigenen Plänen. Schon merkt sie, wie die ausreisewilligen Künstler ihre Preise reduzieren, und daher verspürt sie nicht die geringste Lust, Paris zu verlassen.

Das Leben als Kriegsgewinnlerin

Das Leben in Paris wird prekär, und viele Menschen verlassen die Stadt, Peggy jedoch beginnt nach den Weihnachtsferien 1939/40 sehr ernsthaft mit der Durchführung ihres neuen Programms: Sie nimmt sich vor, jeden Tag, den Gott ihr gibt, ein Gemälde oder eine Skulptur zu kaufen. Bewusst oder unbewusst folgt sie damit einem Grundsatz, den Meyer Guggenheim einst für sich aufstellte, nämlich in große Geschäfte möglichst zu Zeiten einzusteigen, da alle anderen an solchen Geschäften kein Interesse haben.

Wie früher um Antiquitäten, schachert sie jetzt um moderne Kunst. Doch mit dem konsequenten Sammeln geht so etwas wie der Einbruch des Objektiven einher, was bei Peggy, die in allen übrigen Belangen nur vom Subjektiven, Sinnlichen und Emotionalen beherrscht ist, fast erstaunt. Zum Teil ist es auch der Krieg, sind es die ringsum fallenden Bomben, die ihrer fieberhaften Aktion einen Hauch von Größe verleihen. Brancusi weigert sich lange, überhaupt mit ihr über Geld zu sprechen, nennt dann »astronomische Summen«, verkracht sich mit ihr, die abwarten kann, da sie weiß, dass sie *Vogel im Raum* doch noch bekommen wird.

Sie kauft Bilder von Jean Hélion, Salvador Dalí, Alberto Giacometti, Antoine Pevsner und residiert mittlerweile auf der Ile St. Louis hinter Notre-Dame im 7. Stockwerk. Da ihr Kaufinteresse in aller Munde ist, kommen die Sammler und Händler bald zu ihr wie zu einer Königin oder königlichen Mätresse. Schon am frühen Morgen kann Peggy im Bett sitzend auswählen, was ihr für den jeweiligen Tag genehm ist.

Nach Ostern 1940 sieht auch sie sich gezwungen, darüber nachzudenken, wie sie die Bilder aus Paris evakuiert, aber ihr Kaufinteresse ist ungeschmälert: Hitler marschiert in Norwegen ein, Peggy tritt in Fernand Légers Atelier und erwirbt »für tausend Dollar« ein wunderschönes spätkubistisches Bild von 1919 – *Menschen in der Stadt*.

Den Kubikmeter Platz in dem bombensicheren Keller, den der Louvre irgendwo auf dem Land besitzt, verweigert man ihr mit der Begründung, ihre Werke wären zu modern und nicht wert, gerettet zu werden. Inzwischen besitzt sie einen Kandinsky von 1913, *Landschaft mit roten Flecken, No.* 2, verschiedene Paul Klees, darunter *Zaubergarten* von 1926, verschiedene Francis Picabias, darunter *Sehr seltenes Gemälde über die Erde* von 1915, ein Werk von Georges Braque aus der kubistischen Epoche *(Der Walzer)*, einen Juan Gris, einen Fernand Léger *(Menschen in der Stadt* von 1919), einen Albert Gleizes, einen Louis Marcoussis *(Der Stammgast)*, einen Robert Delaunay, zwei futuristische Bilder, einen Gino Severini (*Meer = Tänzerin* von 1914), einen Giacomo Balla, einen Theo van Doesburg und einen Piet Mondrian aus der *De-Stijl*-Zeit. Zu ihren surrealistischen Bildern zählen Werke von Juan Miró, *Holländisches Interieur II* von Max Ernst aus dem Jahr 1928, Giorgio De Chirico (bei Peggy vertreten durch *Der rote Turm* von 1913), Yves Tanguy, Salvador Dalí, René Magritte und Victor Brauner. Auch bei den Skulpturen ist sie systematisch vorgegangen, besitzt Werke von Constantin Brancusi, Jacques Lipchitz, Henri Laurens, Antoine Pevsner, Alberto Giacometti, Henry Moore und Hans Arp. Schon kurz nachdem sie überhaupt mit dem Sammeln begonnen hat, nennt sie eine bedeutende Sammlung von Werken moderner Kunst ihr Eigen, die sie in Kisten verpackt und zu Maria Jolas schickt, die ihre zweisprachige Schule in ein Schloss in St-Gerand-le-Puy bei Vichy evakuiert hat. Dort lagern die Kunstwerke in einer Scheune. Erst drei Tage, bevor die Deutschen Paris erreichen, kann Peggy die Entschlusskraft aufbringen, ihre eigenen Koffer zu packen.

Sie mietet für sich, Pegeen und Sindbad, der wie immer die Sommerferien bei ihr verbringt, für Nelly van Doesburg, Hans Arp und Sophie Taeuber-Arp ein Haus am Lac d'Annecy und überlässt sich einmal mehr der Langeweile. Es ist der Freund Giorgio Joyce – er lebt damals ganz in der Nähe des Schlosses bei Vichy –, der die Bilder nach Annecy schickt, als der Sommer zu Ende geht. Allerdings, ohne Peggy darüber zu informieren. So entdeckt sie die Kisten mit ihren Bildern und Skulpturen zufällig auf dem Güterbahnhof von Annecy, wo sie seit Wochen stehen. »Wir deckten die Kisten mit Planen zu und versuchten, sie vor dem Regen zu schützen, indem wir sie von einer Stelle wegrückten, wo das Dach leckte. Danach standen sie monatelang neben dem Gleis des Güterzugs.« Diese Beschreibung charakterisiert Peggy Guggenheims unglaublichen Pragmatismus, den sie selbst angesichts der Bedrohung ihrer als Lebensziel entwickelten Sammlung moderner Kunst an den Tag legt. Kein Wort über einen möglichen Verlust ihrer Kunstwerke, keine Sentimentalität, die sie ohnehin lebenslang verachtete. Eine sichere vorübergehende Unterkunft für die Bilder findet sie glücklicherweise im Museum von Grenoble.

Auch die Lage der Amerikaner im besetzten Frankreich wird kompliziert, sodass Peggy die baldige Auswanderung mit Laurence Vail und Familie in die USA anvisiert. Nur dort werde man in Zukunft in Frieden leben können, sind die inzwischen fast zu Freunden gewordenen früheren Ehepartner überzeugt. Im Frühling 1941 will man reisen, die Sammlung muss gepackt und dann per Schiff spediert werden. Deklariert und getarnt als »Haushaltsgegenstände«, können die Werke Europa verlassen. Inzwischen kommt Peggy mit dem *Emergency Rescue Committee* unter Varian Fry in Berührung – die Dollarprinzessin Kay Sage, Tanguys neue Frau, hat ihr geschrieben, sie möchte fünf hervorragenden europäischen Künstlern die Flucht finanzieren. Ursprünglich dachte das Committee nur daran, 200 ausgesuchte Flüchtlinge zu retten, doch im Laufe seiner dreizehn Monate währenden Arbeit wurde es für Fry immer schwieriger, angesichts täglich neuer Hilferufe angemessene Auswahlkriterien zu entwickeln. De facto half er über 2.000 Flüchtlingen, Europa zu verlassen. Im Winter 1940/41 bietet Varian Fry mit seinem im Untergrund agierenden Committee zahlreichen aus Paris geflohenen Mitgliedern der surrealistischen Bewegung, darunter Max Ernst sowie André Breton mit Frau und Tochter, Unterkunft im Château Air-Bel, einem recht baufälligen Gebäude außerhalb von Marseille. Zum letzten Mal versammeln sich die Surrealisten gemeinsam auf französischem Boden. Varian Fry will seinen Schützlingen Förderer in Amerika beschaffen, die bereit sind, ihnen den Lebensunterhalt zu finanzieren, und Peggy wird gebeten, für fünf Personen die Reisekosten zu bezahlen, darunter André Breton und Max Ernst.

Schon macht sie sich voll Eifer auf den Weg nach Marseille, wo sie Geld hinterlässt. Ende März 1941 reist sie erneut nach Marseille, um sich bei Max Ernst im Austausch für die finanzielle Hilfe ein Bild auszusuchen, doch das lustige Leben im Château ist zu Ende – Breton ist ausgereist, die Zurückgebliebenen sind voller Angst, verzweifelt. Die vorgesehene Besichtigung der Werke von Max Ernst durch Peggy findet am 1. April im Château statt. Für 2.000 Dollar, genau der Betrag, den sie ihm bereits gegeben hat, kann Peggy *Kleine*

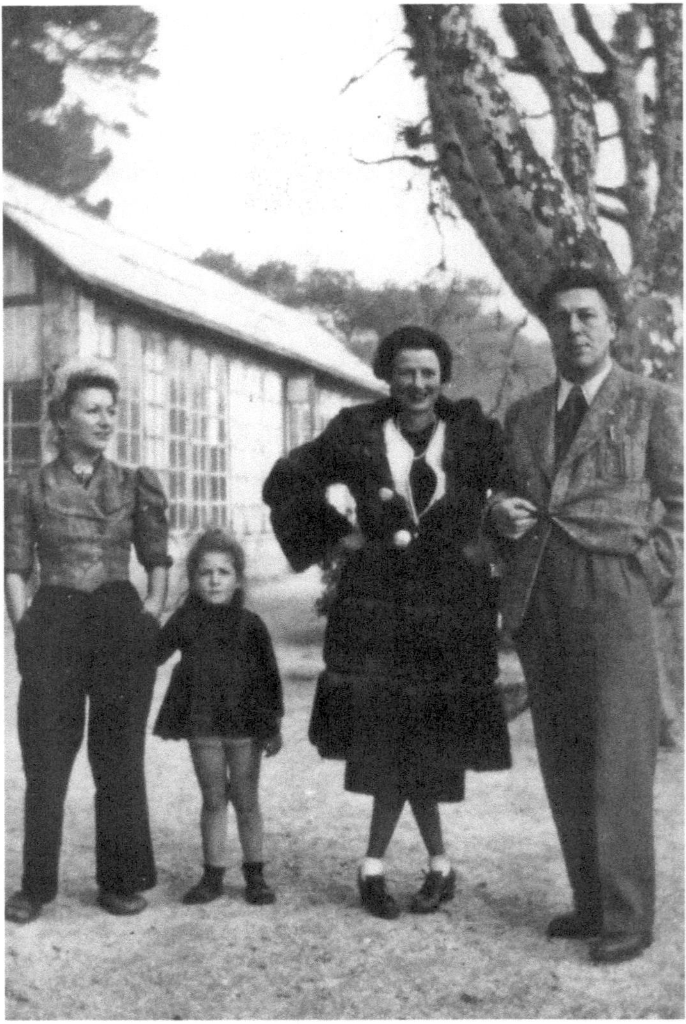

Peggy Guggenheim mit Jacqueline, Aube und André Breton, Air-Bel bei Marseille, 1941

Maschine, von Minimax Dadamax persönlich konstruiert von 1919 sowie *Flugzeugschnapper-Garten* von 1935 erhalten, dazu zahlreiche Collagen wie *Pferdebote* von 1932, den Ernst ihr als Dreingabe schenkt.

Am nächsten Tag ist Max Ernsts fünfzigster Geburtstag, der geeignete Augenblick für Max und Peggy, einander näher zu kommen, sich ineinander zu verlieben. Sie erinnert sich: »Als ich meine Affäre mit Max Ernst begann, war sie nicht ernsthaft, doch bald entdeckte ich, dass ich wirklich in ihn verliebt war.« Wieder einmal ist der enge Zeitrahmen, sind die vielen anderen Verpflichtungen ein Hindernis für die Liebe. Laurence und Peggy müssen nach Lyon fahren, um Visa für ihre Familien für Spanien und Portugal zu beantragen, und außerdem muss Peggy mühsam Geld aus Amerika transferieren lassen. Drei Wochen vergehen, bis sie den anderen nach Lissabon nachreisen kann.

Anstelle einer liebevollen Umarmung von Max auf dem Bahnhof erwartet sie ein schwerer emotionaler Schlag – Max hat seine frühere Gefährtin Leonora Carrington in Lissabon wiedergefunden. Peggy weiß, woran sie ist: Max liebt Leonora, die jedoch fest entschlossen ist, einen Mexikaner zu heiraten, um auf diese Weise rasch einen Pass für Amerika zu bekommen. Vor lauter Unglück möchte Peggy alle mühsam eingefädelten Pläne über den Haufen werfen und einen Engländer heiraten, den sie gerade erst im Zug kennengelernt hat. Laurence ergreift die Partei der Vernunft und ermahnt Peggy, sie habe die Pflicht, ihre

Kinder heil nach Amerika zu bringen. Und Peggy verzichtet, ausnahmsweise vernünftig, auf die Idee. Am 13. Juli 1941 steigen elf Personen in den Clipper der Pan Am: Peggy, Laurence, Kay, die sechs Kinder aus beiden Ehen, Max Ernst und Jacqueline, die Freundin der Kinder. Bei ihrer Ankunft am folgenden Tag auf dem New Yorker Flughafen wird Peggy sofort mit ihrem auf dem Zwischenhalt auf den Azoren gekauften Riesenstrohhut abgelichtet. In der Zeitung steht unter ihrem Bild Folgendes zu lesen: »Während die Hauptstädte des Alten Kontinents in Schutt und Asche gelegt werden, rettet Miss Guggenheim die Kunstschätze.«

Jimmy Ernst, Max Ernsts Sohn aus seiner Ehe mit Louise Straus-Ernst (der das *Emergency Rescue Committee* leider kein Visum für Amerika beschaffen konnte und die daher um dieselbe Zeit, da Peggy Guggenheim nach Amerika einreist, in das KZ Auschwitz deportiert wird, wo man sie 1944 ermordet), begrüßt seinen Vater. Jimmy hat schon einiges über Peggy Guggenheim gehört, auch, dass sie sich für die Ausreise seines Vaters eingesetzt hat. Doch so zerbrechlich hat er sich die Millionärin und Förderin der modernen Kunst nicht vorgestellt. Peggy schließt Jimmy sofort in ihr Herz und beschäftigt ihn bald schon als Sekretär. Selbstverständlich sieht sie sich erst einmal die Picasso-Ausstellung im Museum of Modern Art (MoMA) an – und stellt befriedigt fest, dass sie alle Exponate kennt, denn sie hat sie bei Sir

Roland Penrose schon gesehen. Er ist der Hauptleihgeber. Die Sammlung des Museums gefällt ihr, auch wenn es keinen Kandinsky gibt. Regelrecht lustig findet sie Onkel Sols Museum – sie amüsiert sich beinahe hämisch über die hundert Rudolf-Bauer-Gemälde in riesigen Silberrahmen, die die zwanzig Kandinskys an Glanz überstrahlen, aber nicht an Bedeutung. Die Highlights der Sammlung Onkel Sols hängen übrigens nicht im »Bauer-Haus«, wie Max Ernst das Museum nennt, sondern im Plaza-Hotel, wo Onkel Sol und Tante Irene residieren. Sie sind nur auf spezielle Einladung zu sehen – es gibt wunderbare Werke von Picasso, Seurat, Braque, Kandinsky, Gleizes, Delaunay, Chagall und Lissitzky.

Max und Peggy bereisen ganz Kalifornien auf der Suche nach einem Ort zum Bleiben – ohne Erfolg. Peggy sieht Walter Arensbergs berühmte Sammlung moderner Kunst in Hollywood.

Was braucht es denn im Grunde? Eine Schule für Pegeen, ein Haus zum Leben ... und das Museum. Laurence ist mit den Kindern nach Connecticut gezogen. Peggy denkt ernsthaft darüber nach, ihm zu folgen, aber dann findet sie doch noch ihr Traumhaus: am New Yorker Beekman Place, mit Blick über den Fluss. Leider ist es nicht im Stadtzentrum, aber ansonsten ideal, Hale House zwischen East River und der 51st Street. Die große Halle oder »Kapelle« mit dem riesigen Kamin erstreckt sich über zwei Stockwerke, die Fenster gehen auf den Fluss, es gibt eine Terrasse.

Im zweiten Stock wohnt Pegeen, hier sind die große Küche und die Gästezimmer. Peggy und Max besetzen den dritten Stock – ein Schlafzimmer und ein Atelier mit Terrasse. Es könnte ein Traum sein.

Peggy möchte Max helfen, in Amerika Fuß zu fassen, und will zu diesem Zweck mit Alfred Barr, dem Kunsthistoriker und Gründer des MoMA, in Kontakt kommen. Ein kleiner Deal glückt – Barr tauscht mit Peggy einen Malewitsch aus den Kellerbeständen gegen einen Ernst, und Peggy gibt Max Geld. Gleich auf der Housewarming-Party am Beekman Place kommt es zu einer der fast unumgänglichen Auseinandersetzungen zwischen Gästen. Jimmy nimmt die Kandinskys von den Wänden, damit sie nicht mit Blut bespritzt werden, und Peggy wertet den Kampf als schlechtes Omen: »Vielleicht hat uns das einen schlechten Start gegeben, denn niemals hatten wir auch nur einen einzigen friedlichen Augenblick in diesem wunderbaren Haus.«

Vor allem gibt es eine tiefe Verwerfung zwischen den beiden: Max will Peggy nicht malen. Er, der Leonora Carrington immer in allen möglichen Landschaften und Posen gemalt hat. Peggy vermutet, dass er sie nicht liebt. Als Max eines Tages ein neues kleines Bild gemalt hat, ist sie außer sich vor Freude. Man sieht eine Figur mit einem Kopf in Pferdeform, das ist deutlich erkennbar Max selbst. Er trägt eine glänzende Rüstung. Eine andere Figur greift dem Mann zwischen die Beine, und das ist Peggy im Alter von acht Jahren, was umso überraschender ist, da sie

Max niemals Bilder aus ihrer Kindheit gezeigt hat. Daneben zeigt das Bild Pegeen in Rückenansicht sowie ein zweiköpfiges Monster, eine weibliche Figur im roten Kleid, die ihren Bauch entblößt hat. Peggy erkennt zwar den Bauch als ihren Bauch, aber sie identifiziert sich ausschließlich mit dem kleinen Mädchen und nicht mit dem Monster. Sie ist so glücklich über dieses Bild, das sie *Mystische Ehe* nennt, dass sie es als Geschenk erbittet. Nun, da er dieses Bild gemalt hat, ist die von ihr gewünschte Heirat vielleicht überflüssig geworden.

Sie setzt die Arbeit an der Liste von Herbert Read fort – das heißt, sie kauft die darauf verzeichneten Werke. Breton und Ernst helfen ihr dabei, Max gestaltet daneben auch den Einband für den Sammlungskatalog, der sich dank Bretons Anregungen mehr zu einem Buch über die Entwicklung der modernen Kunst von 1910–1941 entwickelt. Selbst der Name ist modern: *Art of This Century*.

Peggy stellt fest, dass Max zwar seine Bilder immer besser verkauft, aber anstatt sich etwa an den Haushaltsausgaben zu beteiligen oder Geld für seine Einkommenssteuer zurückzulegen, kauft er mit Inbrunst indianische, präkolumbianische, neuguineische oder Eskimo-Skulpturen. Peggy hasst die riesigen Totempfähle, die Max ständig herbeischleppt. Und sie hasst es noch mehr, immer nur zu zahlen. Sie sagt es ihm deutlich. Geld und Liebe, Geld oder Liebe – seit Laurence Vail Peggys Weg gekreuzt hat, lebt sie in dem

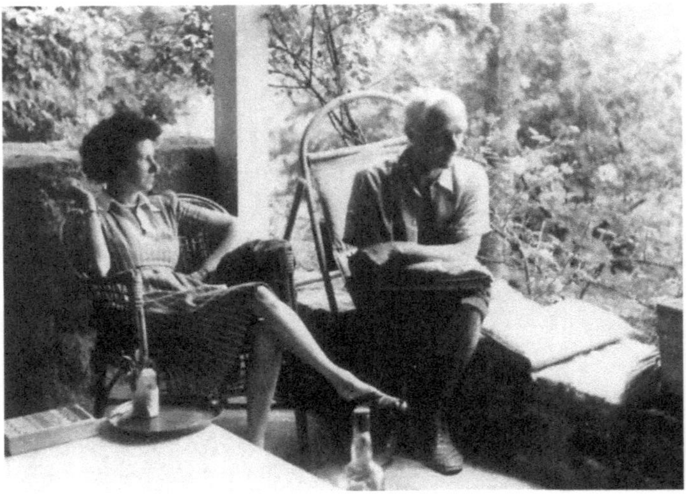

Peggy Guggenheim und Max Ernst bei ihrer Schwester Hazel in Kalifornien, Sommer 1941

Versuch, beides miteinander zu verbinden, träumt davon, großzügig zu sein. Und wie oft ist sie gescheitert! Das wunderbare, verfluchte Geld!

Mit der Bombardierung von Pearl Harbour treten die Amerikaner in den Krieg ein – aus dem gefeierten »König der Vögel« Max Ernst wird schlagartig der feindliche Ausländer, ein Deutscher, der per se verdächtig ist. Schließlich bewegt ihn die Angst vor einer drohenden Ausweisung, zuzustimmen, dass man sich auf die Suche nach einem für die Heirat passenden Ort begibt. Im Dezember 1941 kommt es in Virginia zu Peggys zweiter und Max Ernsts dritter Eheschließung.

Peggy hat nicht vor, ihre Selbstständigkeit aufzugeben. Was sie sich erhofft hat und sofort danach empfindet, ist ein größeres Gefühl der Sicherheit. Allerdings ist der Beginn der Ehe keineswegs das Ende der Auseinandersetzungen. Im Gegenteil. Es geht für das Paar um die banalsten Dinge der Welt. Etwa: Max hat unerlaubt Peggys Schere benutzt. Unverzeihlich, denn es ist in Wahrheit die Schere, mit der sich John Holms selig den Bart schnitt. Was Max vermutlich nicht wusste. Oder: Aus heiterem Himmel, nach Stunden gemeinsamer Arbeit an Peggys Sammlungskatalog, bricht ein Streit über grundsätzliche Fragen des Layouts aus. Es geht wie immer in Peggys Beziehungen um Macht, Empfindlichkeit, es geht um das, was D.H. Lawrence den Geschlechterkampf nannte, um offenbar hormonell gesteuerte, nicht von der Ratio zu beeinflussende Vorgänge. Peggy fragt sich nie, welchen Sinn diese Kämpfe haben. Sie ist in ihrer Aufmüpfigkeit, das erkennt sie selbst, ein Kind geblieben.

Die Folge: Max kann nicht arbeiten, läuft tagelang ziellos in New York herum. Er trifft sich seit Neuestem wieder mit Leonora – ein Grund mehr, eifersüchtig zu sein. Djuna Barnes will beobachtet haben, dass Max in Leonoras Anwesenheit zum ersten Mal erkennbar menschliche Züge aufwies.

Es gibt aber auch oft genug Gelegenheit zum Amüsement – das Haus am Beekman Place wird für die Exilkünstler eine Art Heimat, da sie das Pariser Caféhaus als Ort ihrer Selbstversicherung und Kommunikation verloren haben. Die vielen Partys stehen, wenn Peggy und Breton gemeinsam feiern, zumeist im Zeichen des Wahrheitsspiels, das sich mit den Künstlern aus den Zeiten von Hayford Hall nach Amerika gerettet hat. Mit größtem Ernst zelebriert Breton das Spiel und belegt jeden, der spricht, ohne an der Reihe zu sein, mit einem Strafpfand. Man liebt es, sich gegenseitig oder in Gruppen zu fotografieren, und frönt der amerikanischen Kunst des Partyfeierns.

Während Max zu seiner nächsten Ausstellung nach Chicago reist, ist Peggy gespannt auf die Aufnahme ihres Kunstbuchs *Art of this Century* – und wirklich, es wird ein Erfolg.

Leider versäumt es Max Ernst (als Deutscher im Zweiten Weltkrieg in Amerika unverzeihlich!) bei einer Besuchsreise seinen Wohnortswechsel beim »Board of Enemy Alien Registration« zu beantragen. Wenige Tage später wird er vorübergehend festgenommen. Max erfährt, dass sein Malerfreund Robert Matta ein Spion sein soll. Die Verhöre häufen sich und nehmen schikanöse Formen an. Jeden Tag um die Mittagszeit erscheinen die Beamten im Haus des Paares. Man verbietet Max, in die Nähe der Küste zu gehen – er könnte verbotenen Kontakt mit dem Feind aufnehmen.

Unter diesen unerfreulichen Umständen beschließen Peggy und Max, den Sommer in New York zu verbringen. Peggy sucht nach Räumlichkeiten für ihr Museum, was nicht gerade einfach ist, da Hilla von Rebay den Immobilienmaklern einheizt: Auf keinen

Fall sollen sie an Peggy vermieten. Es dauert seine Zeit, bis Peggy in der West 57th Street, Nr. 30, im obersten Stockwerk zwei ehemalige Schneiderateliers findet. Der Avantgarde-Architekt Friedrich (in Amerika: Frederick) Kiesler soll die Gestaltung der Räume und die Präsentation der Werke übernehmen. Peggy Guggenheim schreibt über diesen genialen Architekten ziemlich gönnerhaft: »Nachdem er fünfzehn Jahre lang in Amerika gewesen war, gab ich ihm eine Chance, etwas wirklich Sensationelles zu schaffen.« Aber auch Kiesler ist mit Selbstbewusstsein gesegnet und gibt der Kunstsammlerin zur Antwort, sie werde der Nachwelt nicht ihrer Sammlung wegen in Erinnerung bleiben, sondern aufgrund seiner revolutionären Art, sie zu präsentieren. Was Peggy noch nicht weiß, ist, dass die revolutionäre Idee von Kiesler sie 7.000 Dollar kosten wird. Vielleicht hätte sie sonst davon Abstand genommen – zuzutrauen wäre es ihr gewesen. Sie sollte allerdings damit recht behalten, dass die Gestaltung ihrer Galerie *Art of This Century* den Höhepunkt von Kieslers Schaffen darstellte.

Marcel Duchamp, den sie seit zwanzig Jahren kennt, gibt ihr auf einer Party in ihrem eigenen Haus den ersten Kuss. An einem anderen Abend, Peggy ist schon ziemlich betrunken, taucht sie plötzlich nur mit einem transparenten grünen Seidenregenmantel bekleidet auf – Marcel und Max sind anwesend und sollen reagieren. Max versetzt ihr Schläge, und Marcel sagt kein Wort, wie es seine Art ist.

Die Eröffnung der Galerie findet am 20. Oktober 1942 statt – Peggy trägt ein weißes Abendkleid, einen von Tanguys Ohrringen im einen und einen von Alexander Calder im anderen Ohr, um ihre Offenheit für die unterschiedlichen Stile der Moderne zu demonstrieren. Die Eröffnung wird zu einem großen gesellschaftlichen Ereignis New Yorks – nur eine Person bleibt trotz Einladung fern: Baronesse Hilla.

Inzwischen hat Peggy erbost zur Kenntnis nehmen müssen, dass Kiesler seinen Kostenvoranschlag gewaltig überzogen hat. Obwohl sie mit seinen Ergebnissen hochzufrieden ist, bricht sie mit ihm. In Geldangelegenheiten versteht sie keinen Spaß.

Das Ergebnis des neuen Erfolgs: Sie lebt ab jetzt fast nur noch in der und für die Galerie. Und: Sie nützt die erste Abwesenheit Max Ernsts – er eröffnet in New Orleans eine Ausstellung – für den lange ersehnten Seitensprung mit Marcel Duchamp. Doch die Zeit einer möglichen Beziehung mit Marcel ist vorbei – Marcel und Peggy sehen sich als Bruder und Schwester. Als Max zurückkommt, gibt sich Peggy demonstrativ als die selbstständige, erfolgreiche Galeristin, lässt den unselbstständigen Mann mit leerem Kühlschrank den Tag über sitzen und bestellt das Dienstmädchen erst auf den Abend, wenn sie selbst hungrig aus der Galerie kommt. Es ist fast überflüssig zu erwähnen, dass Max Ernst diesen Zustand nicht lange erträgt. Er verliebt sich neu und unsterblich in die Malerin Dorothea Tanning und zieht mit ihr zusammen …

Wahlheimat Venedig

Immer hielt sich Peggy zugute, Jackson Pollock entdeckt zu haben, und tatsächlich war die Förderung Pollocks in den Jahren 1943–1947 ein Schwerpunkt ihrer Tätigkeit als Galeristin. Sie erhöht sein Monatssalär von 150 auf 300 Dollar und erhält dafür die gesamte Produktion des Malers. Sie bezeichnete ihn einmal als den »größten Maler seit Picasso«. Dass seine Bilder jedoch eine derartige Wertsteigerung erfuhren, wie es tatsächlich geschah, überstieg selbst Peggys Vorstellungen. So erklärt sich, dass sie insbesondere die größten Formate in den folgenden Jahren auch immer wieder verkaufte. Im Nachhinein sah sie das als eine ihrer sieben Hauptsünden als Sammlerin an. Daneben kümmert sie sich auch immer wieder um das Werk ihres Ex-Gatten Laurence Vail und fördert die sich zu einer naiven Malerin entwickelnde Tochter Pegeen – gleichwohl erhält Pegeen niemals eine akademische Ausbildung. Peggy Guggenheim stellt in New York nacheinander Hans Hofmann aus, Clyfford Still, Mark Rothko und David Hare.

Gleichzeitig mit der Entdeckung Pollocks verliebt sie sich in einen Engländer, der groß ist, blaue Augen hat und makellose Anzüge in derselben Farbe trägt:

Kenneth McPherson, verheiratet, aber getrennt lebend, bekannt für seine Männerfreundschaften.

Er bringt es fertig, dass Peggy sich definitiv von Max Ernst trennt, ihm auch das Atelier in ihrem Haus wegnimmt. Bei ihrem Versuch, mit McPherson zu schlafen, erleidet dieser einen Herzanfall und muss seinem Arzt versprechen, künftig Liebeserregungen und Alkohol zu meiden. Kenneth schlägt Peggy zur Kompensation vor, mit ihr zusammenzuziehen. Beide sind einsam, beide wollen geliebt werden. Warum also nicht, meint Peggy und macht sich auf die Suche nach einer Wohnung.

Doch es gibt Geschmacksdifferenzen. Kenneth lehnt Pollock ab. Ein großes Werk von ihm hat Peggy in die Eingangshalle gehängt. Kenneth verbietet ihr, es zu beleuchten. Kaum ist Kenneth in die neue Wohnung eingezogen, die sich über zwei Etagen erstreckt, verfügt er, dass die Verbindungstür zwischen beiden Einheiten immer geschlossen zu sein hat.

Kenneth outet sich, will nur noch mit seinen Freunden leben, erträgt es maximal, dass Peggy diese bewirtet und seinen Hund versorgt. Als David, ein Freund von Kenneth, bei ihm einzieht, der einen Keil zwischen die beiden treiben will, kann Peggy nicht anders reagieren, als Kenneth mit David zu betrügen. Und irgendwann ist Kenneth beider überdrüssig. Peggy verliert einen seltsamen Liebhaber, um einen guten Freund zu gewinnen, worüber sie in typischer Peggy-Manier schreibt: »Ich denke, wir kamen hier nur an, weil wir alles Übrige durchgemacht hatten. Wenn wir nur dort begonnen hätten, wo wir endeten, dann hätte nicht einmal David zwischen uns kommen können. Doch man lebt und lernt ewig, oder vielleicht lebt man zu viel, um daraus lernen zu können.«

Die Galerie *Art of this Century* entwickelt sich zu einem exklusiven Künstlertreffpunkt, und mit den meisten Künstlern ist sie gut befreundet. Alexander Calder, genannt Sandy, von dem sie bereits einen Ohrring besitzt, soll ihr im Winter des Jahres 1946 eine Mobile-Bettrückwand gestalten, und Sandy stimmt zu. In Ermangelung von Eisen (!) muss er teures Silber verwenden.

Ihre Liebe zu Lhasa-Apso-Terriern datiert zwar schon aus den Zeiten mit Max Ernst, doch dieser hatte den gemeinsamen Hund Kachina mitgenommen. Großzügig verkauft er ihr 1946 zwei Welpen.

Peggy Guggenheim hat jetzt, da der Krieg aus ist, das unabweisbare Gefühl, dass sie Amerika verlassen muss. Von Claude Lévi-Strauss, damals französischer Attaché in kulturellen Angelegenheiten, erhält sie ein *Laissez-passer* (Passierschein), um nach Paris reisen zu können – Grund der Reise: Mrs Guggenheim muss die Kunstschätze studieren! In Paris angekommen, nehmen Mary McCarthy und ihr Mann sie ins Schlepptau, und so sieht sie wenig später ihr geliebtes Venedig wieder. Endlich! Nur dort, das fühlt sie, kann sie in Zukunft glücklich sein, denn nur hier ist sie wirklich glücklich gewesen. Was sie für ihre Sammlung und für ihre Hunde braucht, ist gar nicht viel, lediglich einen Palazzo mit Garten in Venedig.

Zuvor muss die Galerie in New York geschlossen werden. Kieslers Arbeit verkauft sie nach der Cash-and-Carry-Methode in so kurzer Zeit, dass der Verdutzte das Nachsehen hat und noch nicht einmal ein Erinnerungsstück mitnehmen kann. Die Sammlung muss fürs Erste wieder einmal in ein Lager.

Indessen haben Hilla von Rebay und Irene, Sols Ehefrau, den alten Herrn davon überzeugt, den berühmtesten Architekten der Welt mit dem Bau des neuen, großen Museums für nicht-gegenständliche Kunst der Sammlung Solomon Guggenheim zu beauftragen: Frank Lloyd Wright. Im Jahre 1944 war es zur schriftlichen Vereinbarung über die von Wright vorgelegten Pläne gekommen. Solomon kauft noch im selben Jahr begeistert ein freies Grundstück in der Fifth Avenue, Ecke 89th Street, dem er in der Folgezeit noch zwei angrenzende Bauplätze hinzuschlägt. Als der Bau jedoch in Angriff genommen werden soll, schreckt Sol, dessen Gesundheit inzwischen deutlich beeinträchtigt ist, vor einem zu raschen Beginn zurück – vor allem die Baukosten seien zu hoch.

In dem Augenblick, da die Würfel für den Museumsneubau gefallen sind, seine Ausführung aber zurückgestellt wird, verlässt Peggy Guggenheim Amerika. Es ist nicht von der Hand zu weisen, dass Hillas hochfahrende Pläne Peggys Entscheidung mit beeinflussten. Die Fronten zwischen ihr und der

Baronesse waren so verhärtet, dass sie bestimmt keine Lust hatte, auf Jahre hinaus gewissermaßen als das Anhängsel des bedeutenden Museums von Onkel Sol und Hilla angesehen zu werden.

Ein weiteres Ereignis mag bei der Entscheidung ausschlaggebend gewesen sein. Peggy schreibt im Jahre 1945 im Auftrag des New Yorker Verlages Dial Press ihre Memoiren. Die Lektorin ändert so vieles ab, dass Peggy ihr kein Einverständnis gibt und alles in den ursprünglichen Zustand zurückversetzt. Diese erste Fassung der Autobiografie erscheint im März 1946, bereits unter dem noch heute gültigen Titel *Out of This Century*. Was das Buch natürlich von der uns vorliegenden Fassung unterscheidet, ist zum einen die Begrenzung auf den Zeitraum bis 1945, der das gesamte Buch füllt, zweitens die Camouflage der Personen – sie figurieren unter Pseudonymen. Laurence Vail ist Florenz Dale, Pegeen ist Deirdre, Ronald Penrose ist Donald Wrenclose, Douglas Garman wird zu Sherman, Clotilde zu Odile, Leonora Carrington wird zu Béatrice, Marcel Duchamps zu Luigi.

Peggys Buch wird scharf kritisiert. So wird ihr von dem bekannten Rezensenten Harry Hansen der »vollständige Mangel jeglicher moralischen Verantwortlichkeit« bescheinigt, die Kunstkritikerin Katherine Kuh nennt ihre Autobiografie »vulgär«, stellt fest, sie sei unglücklicherweise keine begabte Literatin und habe zudem der Sache der modernen Kunst keinen Dienst erwiesen, indem sie sie »unwiderruflich mit einem zwanghaften Bericht ihres eigenen dekadenten Lebens« vermischt habe.

Einzig der Rezensent der Zeitschrift *View*, Everett McManus, lässt ein gutes Haar an ihrem Buch, indem er Peggy als Inbegriff einer modernen Frau bezeichnet. Es besteht kein Zweifel: Das Buch erregte Aufsehen, es schlug dem puritanischen Amerika geradewegs ins Gesicht. Hier wurden sämtliche heiße Eisen der Gesellschaft angefasst und vorgeführt, der Antisemitismus, der Hass gegen die Kommunisten, die puritanische Ehe- und Sexualmoral, die Kulturlosigkeit der Amerikaner, die die Elite aus dem Land trieb. Aus diesem Grund erhielt dieses erstaunliche Dokument über das Leben einer unkonventionellen Frau auch so flammende Kritiken.

Die erwachsenen Kinder Pegeen und Sindbad ziehen es vor, ihr Quartier fern von Amerika aufzuschlagen, fühlen sie sich doch, mehr noch als ihre Mutter, als echte Europäer. Sindbad ist bereits mit seiner Jugendfreundin Jacqueline Ventadour verheiratet, Pegeen hat Jean Hélion geheiratet und erwartet ihr erstes Kind.

Mit den Künstlern Emilio Vedova, dem Kommunisten, und Giuseppe Santomaso, der sich in Geschichte gut auskennt, freundet sich Peggy bei ihrer Ankunft 1947 in Venedig an. Santomasos Vorschlag, sie solle die im Lager schmachtende Sammlung auf der XXIV. Biennale im Sommer 1948 zeigen, kommt wie gerufen. Der griechische Pavillon steht leer, denn in Griechenland herrscht Bürgerkrieg. Santomaso überzeugt den Biennale-Chef Rodolfo Pallucchini davon, dass Peggys Sammlung die Biennale sehr bereichern würde, da man weder von Arp, von Brancusi oder Malewitsch während des Krieges hier etwas sehen konnte – ebenso wie Deutschland war Italien von den zeitgenössischen Strömungen der Kunst so gut wie abgeschnitten. Nach Abschluss der drei Monate dauernden erfolgreichen Ausstellung zeigt Peggy die Bilder noch einmal in der Strozzina in Florenz und daraufhin im Palazzo Reale in Mailand.

Ihr damaliger Begleiter heißt Roloff Beny, ein kanadischer Fotograf und gerade vierundzwanzig Jahre alt. Beny hat Peggy über ihre Memoiren kennengelernt. Ihre Art zu schreiben hatte ihm so imponiert, dass er sich 1948 auf die Suche nach ihr macht. In *Harrys Bar* in Venedig gab man ihm ihre Adresse.

Nach Abschluss der Mailänder Ausstellung sieht Peggy keine Dauerlösung für die Zukunft ihrer Sammlung. Und das, obwohl sie bereit ist, sie dem italienischen Staat zu vermachen. Übergangsweise logieren die Werke im Museum für moderne Kunst in Venedig, der Ca' Pesaro. Man erlaubt ihr, jeweils einige Bilder zum eigenen Gebrauch auszuleihen. 1949 geht ihr Wunschtraum in Erfüllung: der eigene Palazzo in Venedig!

Unweit der Accademia liegt er am Canal Grande, auf der anderen Kanalseite sieht man die Präfektur. Das ideale Terrain für die nimmermüde Peggy, für die Lhasa Apsos, die mittlerweile ihr Markenzeichen geworden sind, und für die Sammlung!

1748 hatte die venezianische Patrizierfamilie Venier, die Venedig gleich mit zwei Dogen beschenkte, den Bau des Palastes begonnen, jedoch nie vollendet. In weißem Stein gebaut, sollte er nie über das erste Stockwerk hinausgelangen. Weinlaub habe ihn umrankt, im Garten hätten Löwen gespielt und die Fassade wurde mit achtzehn Löwenköpfen geschmückt – daher der Name: Palazzo Venier dei Leoni.

Zu Beginn des Jahrhunderts hatte die Marchesa Casati, ihres Zeichens Dichterin und Geliebte D'Annunzios, in einem der Flügel des Palastes gewohnt, fantastische Kostümfeste für Diaghilew gegeben und anstelle von Löwen Leoparden im Garten gehalten. Es heißt, ein Skandal habe die Marchesa ganz plötzlich aus der Stadt vertrieben. Diese Geschichte muss Peggy besonders gefallen haben, für die der Geist eines Hauses fast so wichtig war wie das Haus selbst. Während des Krieges besetzten die Deutschen den Palazzo, später die Briten und Amerikaner.

Im Unterschied zu den allermeisten anderen Palästen stand er nicht unter Denkmalschutz und konnte daher durch Umbau verändert werden – ein wichtiger Gesichtspunkt für die das Neue liebende Peggy. Das flache Dach lud sie zum Sonnenbaden ein.

Gleich im ersten Jahr, noch im Herbst des Jahres 1949, veranstaltet sie eine Ausstellung moderner Skulpturen im Garten ihres Palazzos. Sie zeigt Werke von Arp, Brancusi, ein Calder-Mobile, drei Giacometti-Plastiken, Lipchitz, Pevsner, einen David

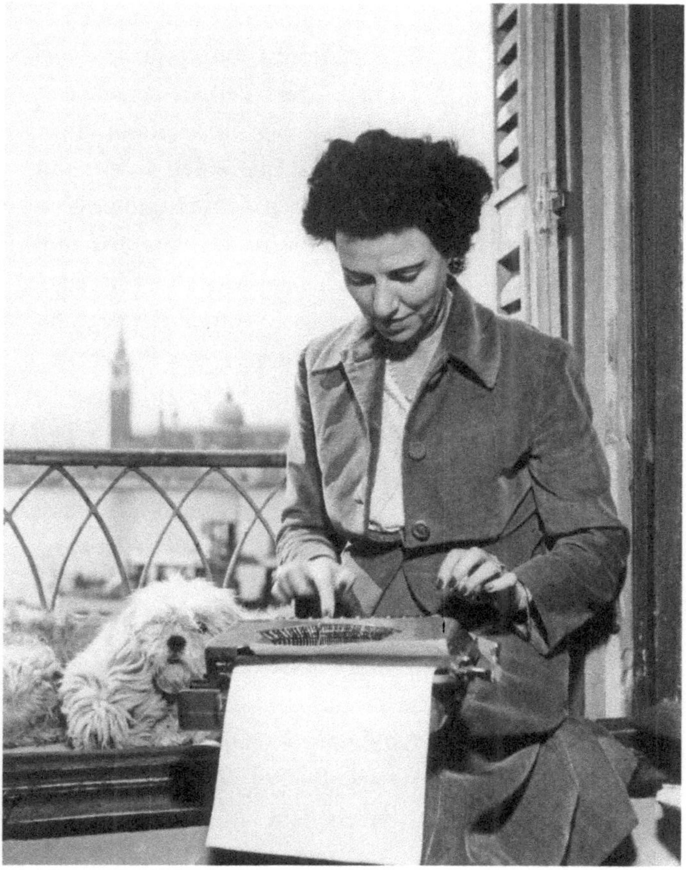

Peggy Guggenheim in ihrer Wahlheimat Venedig

Hare, alle aus ihrer Sammlung, und leiht einiges andere. Dazu kommt die berühmte Bronzeplastik *Engel der Zitadelle* von Marino Marini, den sie gerade erst kennengelernt hat, und die sie ihm in Mailand abgekauft hat. Sie stellt die Plastik, die einen Reiter mit nach beiden Seiten ausgestreckten Armen und erigiertem Glied zeigt, auf der Schauseite des Palazzos zum Kanal hin auf – Marini hat, als er die Statue für Peggy in Bronze goss, den Phallus als Extrateil gefertigt. So kann er nach Belieben gezeigt oder versteckt werden.

Über den endgültigen Verbleib ihrer Sammlung ist noch kein abschließendes Wort gefallen. Die Idee, den Ausstellungsraum durch Errichtung einer zweistöckigen Galerie auf dem Flachdach zu vergrößern, lässt Peggy aus Sparsamkeitsgründen fallen. Sie verfügt in den Fünfzigerjahren über ein Vermögen in Höhe von 2,5 Millionen Dollar – fest angelegt wohlgemerkt –, dazu hat sie den Palast, den sie für 80.000 Dollar kaufte, und die Sammlung, deren Wert mittlerweile auf 10 bis 15 Millionen Dollar geschätzt wird. Die Wertsteigerung innerhalb von nur 15 Jahren ist enorm und hat Peggy, die ehedem »arme Verwandte«, zu einer Multimillionärin gemacht. Aber wie so oft bei reichen Leuten: Alles ist unveräußerlich, flüssige Mittel knapp. Peggy verfällt daher auf eine patente – und preiswerte – Lösung: Sie verwandelt den Keller in Galerieräume. Erst Ende der Fünfzigerjahre, als auch dieser erweiterte Platz nicht mehr ausreicht, entscheidet sie sich für einen Anbau, die sogenannte Barchessa.

Freude und Last – die Sammlung

1952 tritt Tancredi Parmeggiani, der nur den Vornamen gebraucht, in ihr Leben und erhält für einige Jahre im Keller von Peggys Palazzo ein Atelier. Sie unterstützt auch Edmondo Bacci, stark von Kandinsky inspiriert. Über die Werke dieser beiden Künstler hinaus jedoch sieht Peggy bei den jungen Künstlern Italiens nichts, was sich zu sammeln lohnen würde.

Ist es ihr unerbittlicher, die Qualität taxierender Blick, der schon zu viel gesehen hat, ist es ihr Alter, das sie abstumpfen lässt, oder hat die bildende Kunst des 20. Jahrhunderts ihre Blütezeit überschritten, wie sie selbst sagt?

Peggys Sammlung steht dem Publikum an den Nachmittagen des Montags, Mittwochs und Freitags gegen Eintritt offen, die beiden italienischen Mädchen vom Land, die ansonsten Peggys Haushalt versorgen, fungieren in dieser Zeit als Museumswärterinnen. Der Schritt in die Struktur einer öffentlich zugänglichen Sammlung erspart Peggy ab sofort auch die Antwort auf die immer neuen Anfragen, einzelne Werke der Sammlung für Ausstellungen auszuleihen. Sie sieht ihre Sammlung nicht als Anhäufung von Einzelstücken, sondern als darüber hinausweisende Einheit.

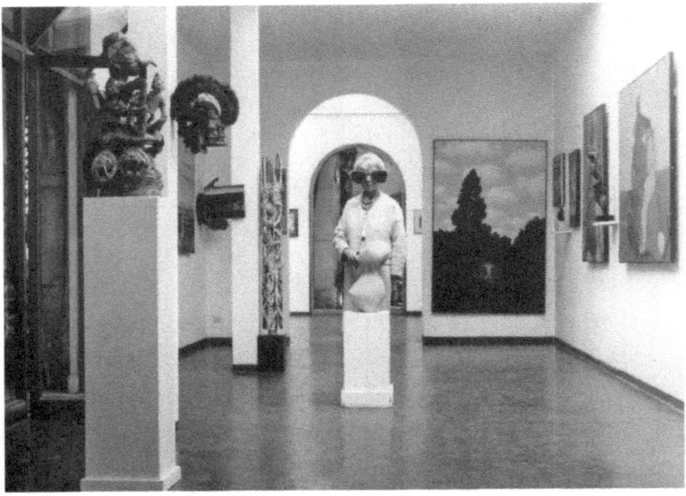

Peggy Guggenheim in ihrer Sammlung in Venedig

1954 ist ein entscheidendes Jahr – so versöhnt Peggy sich anlässlich der Ausstellung Max Ernsts und Hans Arps auf der Biennale offiziell mit ihrem Exmann. Die Zeit der Ehen ist vorbei, das erkennt sie klar, auch den Antrag Truman Capotes lehnt sie ab.

Schon zuvor hatte sie hingegen einen neuen, zehn Jahre jüngeren Liebhaber an sich gezogen, den von nichts als Autos begeisterten Raoul Gregorich, der schon mit dem Gefängnis Bekanntschaft gemacht hat. Peggy schenkt dem sportlichen Raoul nach eigener Aussage »nur« drei Autos, darunter einen Sportwagen. Nach einem Streit saust er davon, prallt gegen einen Baum und ist tot, bevor er noch ins Krankenhaus von

Mestre eingeliefert werden kann. 1956 stirbt auch Jackson Pollock bei einem Autounfall.

Erst im Frühling 1959 ist nach zahlreichen Reisen in viele Länder der Moment gekommen, Amerika einen neuen Besuch abzustatten. Onkel Sol ist 1949 gestorben – er erreichte das stolze Alter von 88 Jahren. Hilla war es kurz vor seinem Tod gelungen, das für die Stiftung in seinem letzten Willen vorgesehene Kapital um drei Millionen Dollar auf insgesamt acht Millionen zu erhöhen (zwei Millionen sollten dem Museumsbau dienen, sechs der ständigen Erhaltung, drei weitere Millionen waren bereits im Vorfeld verschlungen worden). Der großzügige Sol hat die Errichtung des Frank-Lloyd-Wright-Baus nicht mehr erlebt. An der Spitze der *Solomon R. Guggenheim Foundation* steht nun Peggys Vetter Harry Guggenheim, Sohn von Mr Dan. Harry ist ein typischer Guggenheim'scher Macher, der Hilla in der Leitung des Guggenheim Museums durch James Johnson Sweeney ersetzt, wodurch die Wende in dem seit Langem verfahrenen Beziehungsgefüge Guggenheim New York/ Guggenheim Venedig eingeläutet wird, denn mit Sweeney ist Peggy seit ihrer New Yorker Zeit eng befreundet. Erst im Jahr 1956 wird die Genehmigung für den überarbeiteten Museumsbauplan erteilt, doch auch Wright erlebt die Eröffnung des Museums nicht mehr – er stirbt im April 1959. Trotz der Versöhnung mit Harry findet Peggy lediglich respektlose Worte für den Bau, der für viele einzigartig in der Geschichte der modernen Architektur dasteht. Sie nennt ihn eine »riesige Garage«, die am falschen Ort errichtet ist, eingequetscht zwischen die angrenzenden Gebäude, sodass er gar nicht zur Geltung käme. Das Zeitalter neuer Kreativität sei vergangen, sagt die plötzlich fatalistisch gewordene Peggy, das Zeitalter des Sammelns und Bewahrens sei stattdessen angebrochen. Sie ist schockiert und traurig und kauft überhaupt keine modernen Kunstwerke mehr, denn alles, was ihr angeboten wird, ist ihr zu teuer. Stattdessen begibt sie sich auf neues Terrain: Sie beginnt sich für präkolumbianische Kunst zu interessieren, kauft Masken aus Neuguinea, Belgisch-Kongo, Peru, Brasilien und Mexiko.

Außerdem taucht sie zurzeit lieber noch einmal in die seligen Zeiten ihrer Vergangenheit ab, denn sie überarbeitet für den New Yorker Verlag Macmillan ihre Autobiografie, die 1960 unter dem Titel *Confessions of an Art Addict* erscheint.

Peggy hat alle Hände voll zu tun mit dem Bau ihrer Barchessa. 1961 beginnt sie ihre Zusammenarbeit mit Egidio Constantini, einem Künstler, der Glasskulpturen nach Motiven von Picasso, Arp, Max Ernst, Cocteau, Calder, Le Corbusier, Chagall, Matta, Kokoschka und vielen anderen herstellt – Peggy gibt ihm das nötige Geld dafür und erreicht, dass Constantini ein berühmter Mann wird. Für das Eingangstor des Palazzo sucht sie seit Langem schon nach einer modernen Lösung und beauftragt die Künstlerin Claire Falkenstein, deren Schmiedearbeiten sie in einer Villa an der Adriaküste gesehen hat, eine eiserne Tür herzustellen, in die Stücke von buntem Muranoglas eingebracht werden.

Im Jahre 1962 wird sie wie erwartet zur Ehrenbürgerin von Venedig ernannt. 1966 erlebt sie die große Flut, die Venedig für vierundzwanzig Stunden vollständig unter Wasser setzt, und bangt mit den Einwohnern um das Schicksal der Stadt. Es ist ein Glück, dass die Bilder gerade für eine große Ausstellung in Stockholm eingepackt wurden und daher in Sicherheit sind. Ebenfalls ein Glück ist die Lage ihres Palastes in dem am höchsten gelegenen Stadtviertel Venedigs, Dorsoduro, wo die Fluten nur die Erdgeschosse der Häuser erreichen. Peggy schließt sich dem Rettungskomitee für Venedig, *Save Venice*, an und spendet einmal mehr viel Geld.

Dramatisch ist mittlerweile Pegeens Schicksal geworden, die als Malerin eine aussichtsreiche Entwicklung genommen hat: Jean Hélion, Pegeens Ehemann, hat sich in Sindbads Frau Jacqueline verliebt. Es kommt zur Doppelscheidung. Depressionen erfassen Pegeen, die Mutter dreier Kinder ist. Anders als ihre Mutter, die jede Lebenskrise mit immer massiveren Manifestationen der eigenen Lebenskraft überwand, lebt sie von jetzt an immer ausschließlicher in einer Traumwelt, wie es auch ihre naiven Bilder zeigen, auf denen weibliche Figuren, die in keinerlei Kontakt zur Außenwelt stehen, dargestellt sind.

Zurück bei der Mutter in Venedig, verliebt Pegeen sich in den englischen Maler Ralph Rumney, mit dem sie einen vierten Sohn, Sandro (1958 geboren), hat. Ihre Ehe mit Rumney scheitert schon nach kurzer Zeit: Pegeens Atelier im Palazzo ist dem von Tancredi benachbart – ein weiteres Liebesverhältnis, womöglich sind auch Drogen im Spiel.

Im März 1967 erhält Peggy die furchtbare Nachricht, Pegeen sei tot, in Paris gestorben, offenbar nach der Einnahme einer Überdosis von Barbituraten. Vier Selbstmordversuche waren vorausgegangen. Peggy erklärt nichts, sondern schreibt einfach: »Es gab niemanden auf der Welt, den ich so geliebt hatte. Ich fühlte, dass alles Licht aus meinem Leben verschwunden war.«

Es ist erstaunlich und befremdlich, dass Peggy ebenso wenig wie ihre Familienbiografin Laurence Tacou-Rumney, Pegeens Schwiegertochter und die Frau des »kleinen« Sandro aus Pegeens Ehe mit Ralph Rumney, den eigentümlichen Selbstmord Tancredis – er tötet sich in Rom mit einem Sprung in den Tiber – mit keiner Silbe erwähnt, genauso wenig Ralph Rumneys Versuch, Pegeen von ihrer Liebe zu Tancredi abzubringen, indem er die Familie nach Paris verpflanzt – genau dorthin, wo Pegeens Drama begann. Unvermittelt soll erscheinen, was durchaus klar bestimmbare Gründe hatte.

Peggy selbst bleibt am Leben, allein in ihrem Palazzo, umgeben von fünf Lhasa Apsos, die immer wieder in den Kanal fallen, und ihrer Sammlung. Im Jahre 1967 erweitert sie ihr Museum ein letztes Mal. Vier neue

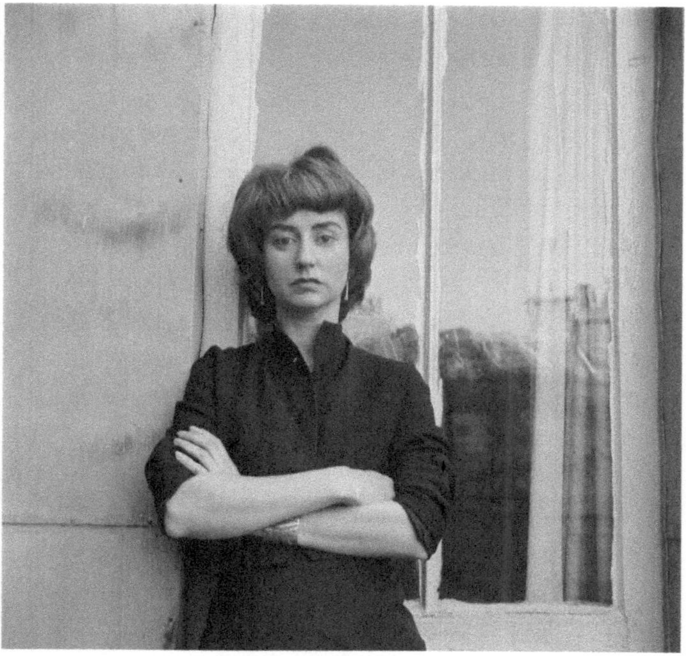

Peggy Guggenheims Tochter Pegeen Vail, ca. 1955

Räume im Keller werden eingerichtet und einer der Räume im Erdgeschoss dem Andenken Pegeens gewidmet. Die Zeit des Alterns und der Einsamkeit bricht an. 1968 stirbt Laurence Vail, der geliebt-gehasste Mann ohne Hut. 1968 sterben auch Sir Herbert Read und Marcel Duchamp, die wichtigen Berater Peggys, André Breton ist bereits 1966 verstorben. Von all den guten Freunden, den Liebhabern und Ehemännern leben nur noch Max Ernst und Samuel Beckett.

1969 tritt das Guggenheim Museum in New York an Peggy heran, sie möge ihre Sammlung dort zeigen. Vielleicht unter dem Einfluss der Krankheit, die ihn ans Bett fesselt, verbindet Cousin Harry damit den ausdrücklichen Wunsch, dass Peggy die Guggenheim-Stiftung in ihrem Testament mit der Sammlung bedenkt. Und 1976 übergibt Peggy ihre Kollektion tatsächlich der Guggenheim Foundation unter der Prämisse, dass ihre Sammlung nach der Ausstellung in Venedig und weiterhin als Ganzes erhalten bleibt, ihren Namen trägt und lediglich von der Guggenheim Foundation verwaltet wird. Insbesondere der Terminus »als Ganzes« (»as a whole«) ist bedeutsam. Gleichzeitig wird Peggys Sammlung per Dekret zum historischen Kulturerbe der Stadt Venedig erklärt. Als sie ihre Sammlung in der riesigen »Garage« von Frank Lloyd Wright entlang der Rampe hängen sieht, sind ihre bezeugten Worte: »Wenn Onkel Sol das sehen würde, würde er sich im Grabe umdrehen.«

Sie hat es wahrhaftig geschafft, von der rebellischen Aussteigerin, dem verrückten *Girl of the Twenties*, das sie innerlich lebenslang geblieben ist, zu einer der bedeutendsten Förderinnen und Sammlerinnen von Werken der klassischen Moderne zu werden.

Harry Guggenheim stirbt im Jahr 1971 – an seine Stelle innerhalb des Guggenheim-Imperiums, insbesondere aber an die Spitze der *Solomon R. Guggenheim Foundation*, rückt der lange, zunächst von Sol, dann auch von Harry designierte Kronprinz

Peter Lawson-Johnston, direkter Enkel Solomons. Die Einflussnahme der fernen New Yorker Stiftung bleibt gering. Viele Gespräche, die insbesondere Tom Messer, ab 1961 Leiter des Guggenheim-Museums, ab 1988 auch Leiter der Guggenheim Foundation, mit der eigenwilligen Peggy führte, blieben ohne Ergebnis.

Im Jahr 1975 erlebt Peggy noch einmal einen Triumph – eine Ausstellung ihrer Sammlung in der Orangerie des Louvre. 120.000 Besucher sehen sie, und ein weiterer wichtiger Mensch verlässt wenig später ihre Zeit – 1976 stirbt Max Ernst.

Peggy Guggenheim feiert, umringt meist von jüngeren Menschen, 1978 ihren achtzigsten Geburtstag – die Venezianer widmen ihr eine Fahne mit der Aufschrift: »Der letzten Dogaressa«. Ihre bis zuletzt auffälligen Kleidermoden, ihre Vorliebe für riesige schmetterlingsflügelige Sonnenbrillen, ihre Verbundenheit mit den Lhasa-Apso-Terriern, die sie bei den täglichen Gondeltouren begleiten, das Fragile und doch Machtbewusste ihres Wesens, das Vornehme und Schüchterne, das Provokante und zugleich Liebesbedürftige, all diese widersprüchlichen Eigenschaften machen Peggy Guggenheim aus. Sie hat alles gehabt, die Ereignisse der Zeit gehen jetzt allerdings an ihr vorüber. Als man sie etwa zur Frauenemanzipation befragt, lacht sie: »Ich habe immer getan, was ich wollte, und kümmerte mich nie darum, was jemand dachte. Ich war eine befreite Frau, lange bevor es den Namen gab.«

»*La Peggy*«

Als Peggy im Herbst des folgenden Jahres aus ihrer Gondel steigt, stürzt sie und bricht sich den Hüftknochen. Sie erleidet bei dem notwendigen operativen Eingriff einen Herzanfall und fällt daraufhin ins Koma. Die Todesursache ist ein Schlaganfall, den sie im Krankenhaus in Padua wenige Wochen später erleidet, am 23. Dezember 1979. Mit ihr stirbt eine Frau, deren Auflehnung gegen die Langeweile eines nur vom Geld regierten Lebens sich von Jugend an auf der Folie ihrer Lektüre zeitgenössischer Literatur als Inspiration und Handlungsanweisung vollzog. Mit bemerkenswerter Konsequenz modelte sie ihr Leben nach den gerade herrschenden Stilen und wechselte dementsprechend oft ihre Begleiter. Als sie den Zugang zur aktuellen Avantgarde in der Kunst und der Literatur verlor, musste ihr Leben wieder in Langeweile versinken.

Kurz zuvor war ihr autobiografisches Buch, das sie noch in ihren letzten Lebensjahren erneut überarbeitet und ergänzt hatte, erschienen. Darin beschreibt sie auch die Stadt, die sie am meisten liebte, Venedig. Heutzutage lässt man Peggy Guggenheims Art zu schreiben eher gelten als direkt nach dem Zweiten Weltkrieg. War sie vielleicht zu modern für ihre Zeit?

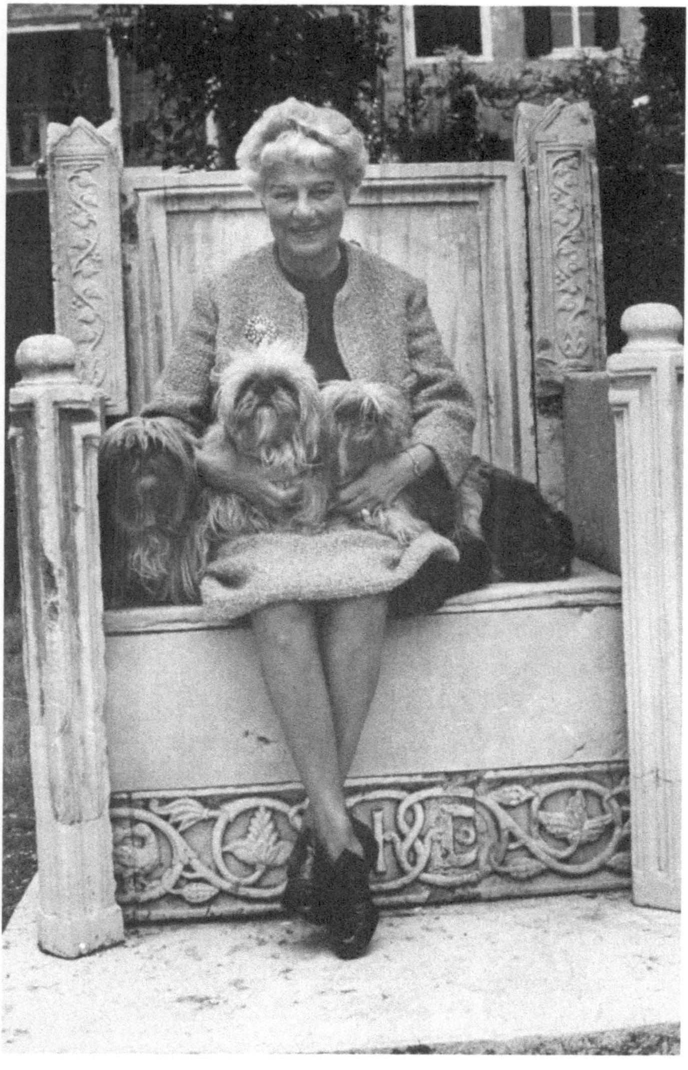

Peggy Guggenheim auf ihrem byzantinischen Thron, 1965

Francine Prose etwa lässt 2015 in ihrem Buch *Peggy Guggenheim: The Shock of the Modern* verlauten, es gäbe wenige Menschen, die so gut über Venedig geschrieben hätten wie Peggy, und sie gibt dafür ein paar wunderschöne Beispiele. Insbesondere das venezianische Licht, das Canaletto so perfekt in seinen Bildern eingefangen hat, habe sie ideal in Worte gegossen: »As the hours progress the light becomes more and more violet until it envelops the city with a diamond-like haze ... If anything can rival Venice in its beauty, it must be its reflection at sunset in the Grand Canal.«

Schon am Tag nach Peggys Tod ist Tom Messer, der bereits längere Zeit einen Schlüssel zum Palazzo besitzt, in Venedig. Er verwandelt ihr Haus nach einer grundlegenden Sanierung schrittweise in ein Museum, ohne jedoch die Sammlung anzugreifen. Was Peggys Museum in Venedig angeht, so hat es über die Jahre einen festen Platz auf der To-do-Liste von Venedig-Besuchern erhalten und ist inzwischen das am zweithäufigsten besuchte Museum der Stadt. Tradition und Moderne, die Architektur des 18. Jahrhunderts und die moderne Kunst sind dank Peggys gutem Geschmack eine völlig plausible Verbindung eingegangen. Bilder von Picasso und ein Calder-Mobile empfangen den Besucher. Man erlebt Max Ernst, Miró, Kandinsky, Malewitsch, Brancusi, Klee, Mondrian, Léger, Braque, Mark Rothko, Clifford Still, Francis Bacon und natürlich Jackson Pollock.

Der Einsatz der letzten Dogaressa hat sich gelohnt. Begraben ist sie im Garten ihres Palazzos, neben den Gräbern der »beloved babies«, den vielen Lhasa-Apso-Terriern.

Lee Krasner, Jackson Pollocks Frau, selbst eine bedeutende Künstlerin, hat das, was Peggy Guggenheim ausmachte, in die unschlagbar kurze und griffige Formel gebracht: »She did it.« In Venedig erinnert man sich ihrer nur als »La Peggy«.

Literatur in Auswahl

Deirdre Bair, *Samuel Beckett*, Reinbek bei Hamburg 1994

Kay Boyle, *A Twentieth-Century Life in Letters*, Urbana 2015

John Davis, *The Guggenheims – An American Epic*, New York 1988

Virginia M. Dortch, *Peggy Guggenheim and her Friends*, Milano 1994

Karoline Hille, *Gefährliche Musen: Frauen um Max Ernst*, Berlin 2009 (2. Aufl.)

Peter Lawson-Johnston, *Growing up Guggenheim*, Wilmington (Del) 2005

Judith Mackrell, *The unfinished Palazzo: Life, Love and Art in Venice*, London 2017

Stefan Moses, *Begegnungen mit Peggy Guggenheim*, München 2017

Francine Prose, *Peggy Guggenheim – The Shock of the Modern*, New Haven und London 2015

Kyra Stromberg, *Djuna Barnes*, Berlin 1999 (3. überarb. Aufl.)

Laurence Tacou-Rumney, *Peggy Guggenheim – Das Leben eine Vernissage*, München 1996

Quellen

Peggy Guggenheim, *Out of this Century*, New York 1946

Dies., *Confessions of an Art Addict*, New York 1960, gekürzte Fassung der o.g. EA; *Out of this Century. Confessions of an Art Addict*, aktualisierte u. erweiterte Neuaufl. mit einem Vorwort von Gore Vidal und einer Einführung von Alfred Barr jr., New York 1979

Dies., *Ich habe alles gelebt: Bekenntnisse einer Sammlerin aus Leidenschaft. Peggy Guggenheim*, aus dem Amerikanischen von Dieter Mulch, Bern und München 1980ff.

Dies., *Ich habe alles gelebt*, aus dem Amerikanischen von N.N., Köln 1998

Bildnachweis
© akg/Archivio Cameraphoto Epoche: S. 127; Barbara Kerr-Seymot: S. 70; Collection Aube Elléonët Breton: S. 108; © getty images/Berenice Abbott/Kontributor: S. 60; © getty images/Carlo Bavagnoli/Kontributor: S. 139; © getty images/George Rinhart/Kontributor: S. 43; © getty images/The John Deakin Archive/Kontributor: S. 135; © Man Ray Trust, Paris/VG Bild-Kunst, Bonn 2018: S. 48; © Ida Kar, National Portrait Gallery, London: S. 87; © picture alliance/ullstein-bild: S. 22; © René Magritte/VG Bild-Kunst, Bonn 2018: S. 130.

1. Auflage 2018

Umschlaggestaltung: Lisa Neuhalfen, moretypes, Berlin
Covermotiv: © David Seymour/Magnum Photos/Agentur Focus
Satz: Birgit Cirksena · Satzfein, Berlin
Druck und Bindung: GGP Media GmbH, Pößneck
Printed in Germany
ISBN 978-3-86915-159-5

www.ebersbach-simon.de

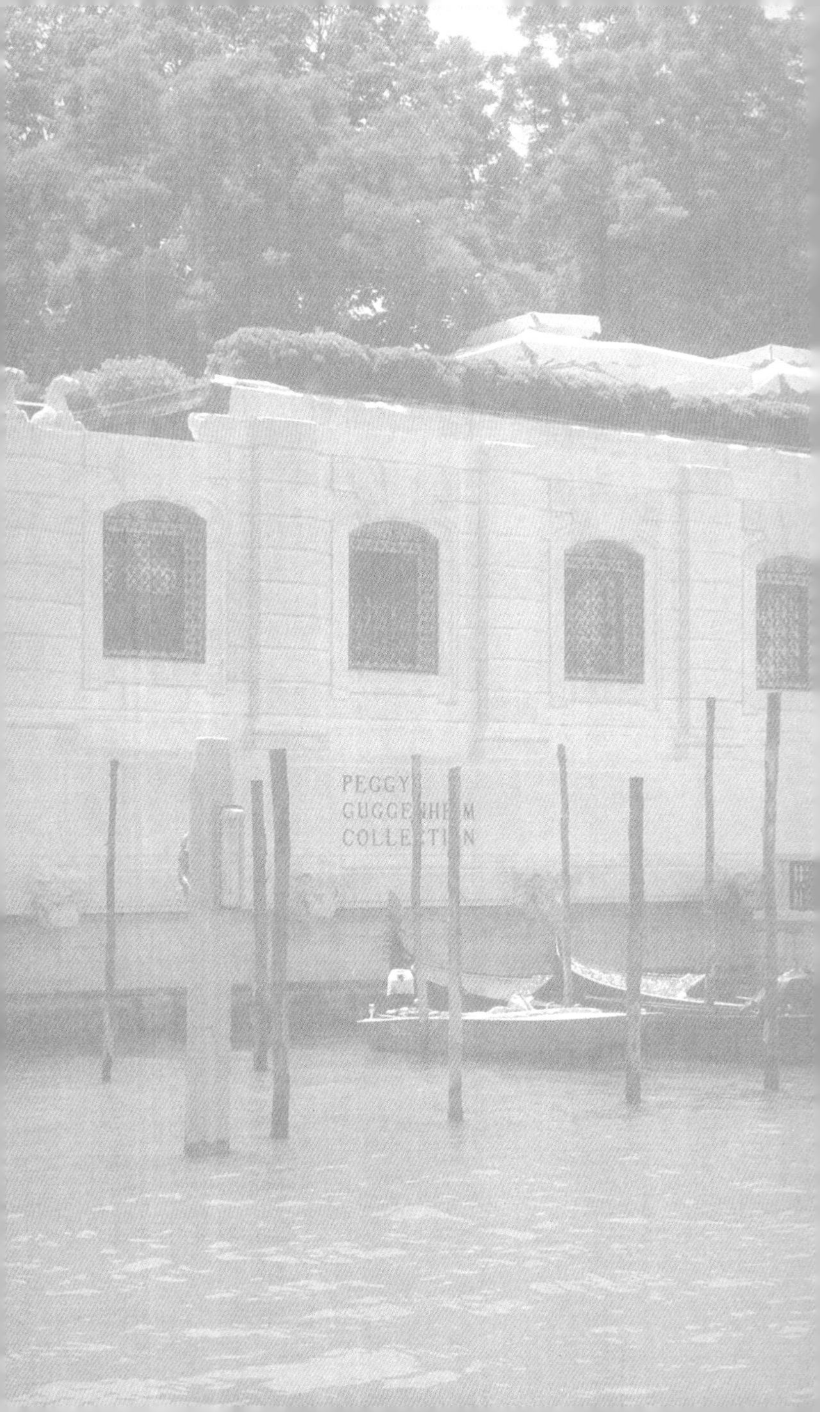
PEGGY